Heidemarie Bach

Wer tauscht mit mir? - Kommunikationsförderung autistischer Menschen mit dem "Picture Exchange Communication System"

Heidemarie Bach

WER TAUSCHT MIT MIR? - KOMMUNIKATIONSFÖRDERUNG AUTISTISCHER MENSCHEN MIT DEM "PICTURE EXCHANGE COMMUNICATION SYSTEM"

ibidem-Verlag
Stuttgart

Bibliografische Information Der Deutschen Bibliothek

Die Deutsche Bibliothek verzeichnet diese Publikation in der Deutschen Nationalbibliografie; detaillierte bibliografische Daten sind im Internet über <http://dnb.ddb.de> abrufbar.

∞

Gedruckt auf alterungsbeständigem, säurefreien Papier
Printed on acid-free paper

ISBN-10: 3-89821-692-6

ISBN-13: 978-3-89821-692-0

INHALT

Einleitung

"Verstehst du, was ich meine?"

Bestimmt kennt jeder die Situation, etwas sagen zu wollen, aber trotz aller Bemühungen das Gefühl zu haben, dass der Gesprächspartner[1] so gut wie nichts versteht. Ein einfaches Beispiel ist der Urlaubsaufenthalt im Ausland, in einem Land, in dem man vielleicht auch mit seinem Schulenglisch nicht mehr weit kommt. Dort setzt man entweder Hände und Füße ein, lernt ganze Sätze aus dem Sprachführer auswendig oder redet einfach auf Deutsch, vielleicht ein bisschen langsamer und lauter als sonst. Doch der andere versteht nichts, wundert sich über die Gesten und Verrenkungen, lacht vielleicht über die misslungenen Sprachführersätze und schüttelt missverstehend und vielleicht auch missbilligend den Kopf über das laute Äußern deutscher Sätze.

Und wie geht es uns damit? Es geht uns nicht gut damit. Man ist verzweifelt, fühlt sich machtlos und unverstanden. Vielleicht ist man dem Gegenüber jetzt ausgeliefert, ist abhängig von der Entscheidung des anderen und hilflos wie ein Kind. Möglicherweise ist es auch peinlich und man schämt sich für diese Unbeholfenheit. Man ist sich sicher, dass der andere jetzt ein völlig falsches Bild bekommt und vielleicht sogar denkt, man wäre wortkarg und dumm. Es führt zwangsläufig zu Missverständnissen und Fehlinterpretationen von Kommunikationsversuchen. Man wird wütend, ärgert sich über sich selbst, macht sich Vorwürfe und früher oder später projiziert man seine Unzufriedenheit auf den anderen, denn schließlich ist dieser auch schuld am gegenseitigen Missverstehen. Letztendlich gehen beide Seiten unzufrieden und unbefriedigt auseinander.

Doch nicht nur im Ausland, auch wenn zwei Menschen die gleiche Sprache sprechen, kann es zu Kommunikationsschwierigkeiten kommen, z. B. in Partnerschaften. Den Satz "Du verstehst mich einfach nicht!" haben sicher viele schon gehört und selbst verwendet. Dann kann man reden und erklären, doch der Partner scheint es nicht zu verstehen. Frust, Trauer, Ärger und Unzufriedenheit sind auch hier vorprogrammiert. Und wenn sich ein Problem scheinbar gar nicht lösen lässt, dann staut es sich an. Ein Freund nannte es "... das Gefühl, ein Paket nicht aus den Händen geben zu können, das auf Dauer schwer wird ..."

---

[1] In der vorliegenden Arbeit schließen alle männlichen Personen- und Berufsbezeichnungen die weibliche Form mit ein.

Was erwartet man in solch einer Situation? Was erhofft man sich?
Dass eine Fee kommt und einem die richtigen Worte in den Mund legt, dass der andere endlich irgendwie begreift, worum es geht und das schwere Paket abnimmt, dass man mit dem Gegenüber eine gemeinsame Sprache findet, die beide verstehen!

"Verstehst du, was ich meine?", frage ich den nichtsprechenden autistischen Jungen, nachdem ich ihm erklärt habe, wie das gemeinsame Spiel ablaufen soll.

"Verstehst du, was ich meine?", wollen mich vielleicht die Augen des gleichen Jungen fragen, nachdem er sich in die Hand gebissen hat.
Es kann schwer sein sich zu verstehen, wenn man die Sprache als Hilfsmittel hat, aber es ist noch schwerer, wenn einer der Kommunikationspartner nichtsprechend ist.

Schon seit einigen Jahren habe ich hin und wieder Kontakt zu nichtsprechenden Menschen, hauptsächlich Kindern. Ich erinnere mich noch gut an Sonia, ein mehrfachbehindertes Mädchen, das ich in einem Camp in Irland betreute. Sie war freundlich und der Umgang mit ihr fiel mir nicht schwer, obwohl sie sowohl rundum hygienisch als auch beim Essen, Ankleiden etc. versorgt werden musste und ich zu dem Zeitpunkt noch nicht viele Erfahrungen mit schwersten Beeinträchtigungen hatte. Sonia ließ sich so ziemlich alles gefallen – diesen Eindruck hatte ich damals. Heute denke ich, dass sie vielleicht nicht genügend Möglichkeiten hatte, Wünsche und Ablehnungen zu zeigen, oder aber, dass ich nicht genug von ihren durchaus gesendeten Mitteilungen verstand. Ein Moment ist mir im Gedächtnis geblieben: An einem Morgen im Camp bin ich erwacht, weil Sonia neben mir auf ihrer Matratze fröhlich lachte. Ich habe mich natürlich sehr gefreut, obwohl mir der Grund für ihre Freude vollkommen unerklärlich blieb.
Nicht sprechen zu können, bedeutet also nicht nur, sich schlecht mitteilen zu können, was die Wünsche und Abneigungen angeht, sondern auch die Schwierigkeit, Erlebnisse zu teilen, wie z. B. Freude.
Ähnliche Erfahrungen habe ich in den Jahren danach noch häufig gemacht. Unterschiedlich zeigte sich bei den Kindern das Sprachverständnis für Aussagen anderer und die eigenen Mittel und Wege sich selbst auszudrücken, zu zeigen, was gewollt und was nicht gewollt ist. Viele Kinder zeigen durch Laute und Handlungen, dass ihnen eine bestimmte Situation nicht passt. Wollen sie einen bestimmten Weg nicht gehen, so setzen sie sich auf den Boden oder ziehen den Betreuer an der Hand in die entgegengesetzte Richtung. Auch durch autoaggressive und fremdaggressive (gegen

Personen und Dinge) Handlungen, schreiende oder jammernde Laute versucht der eine oder andere sein Missfallen an einer Situation auszudrücken. Freude erkennt der Außenstehende am Lachen, an spontanem Körperkontakt (wie etwa ein plötzliches Drücken), an verschiedenen Lauten, extremen Bewegungen o. Ä. Dies alles sind für nichtsprechende Menschen mögliche Ausdrucksweisen, auf die sie in vielen Situationen zurückgreifen können und die meist auch von den jeweiligen Bezugspersonen verstanden werden.

Trotz allem bleibt eine Informationslücke. Oft frage ich mich: Warum möchte das Kind diesen Weg nicht gehen, warum schlägt es sich plötzlich selbst oder warum fällt es mir überraschend um den Hals? Was möchte das Kind von seinen Erlebnissen berichten? Wie geht es dem Kind? Was möchte es von mir wissen? Oder was versteht es von dem, was ich sage?

Meiner Ansicht nach gibt es zwei Möglichkeiten, damit umzugehen.

Die erste Möglichkeit ist ein "Ersatzmonolog". Fehlende Informationen werden hierbei durch Annahmen und Vermutungen der Bezugspersonen ersetzt. Im Gespräch mit anderen wird für den Betroffenen geantwortet, sein Verhalten (oftmals sein scheinbares "Nicht-Können" von Dingen) erklärt und beklagt, über seinen Kopf hinweg von ihm geredet und Entscheidungen werden für ihn gefällt (massive Fremdbestimmung gehört leider immer noch zum Alltag vieler beeinträchtigter und vor allem nichtsprechender Menschen). Im Kontakt mit nichtsprechenden Menschen bilden wir Sprechenden uns schnell ein Urteil über deren Intelligenz und entscheiden nicht selten, dass eine Person, die sich nicht oder kaum mitteilt, auch über wenig Intelligenz verfügt. So entsteht sofort eine Asymmetrie in der Beziehung, d. h. das gegenseitige Kennenlernen und die Interaktion miteinander werden erheblich erschwert.

Die zweite Möglichkeit begründet sich in der Akzeptanz der Situation. Die Bezugsperson hält kurz inne, beobachtet ohne gleich zu reagieren und versucht, bei sich ein Bewusstsein für die Situation und den nichtsprechenden Kommunikationspartner zu schaffen. Daraus ergeben sich erneut zwei Möglichkeiten. Die eine Variante ist das Offenlassen der Situation: Die Bezugsperson erkennt, dass sie das Verhalten des anderen nicht versteht und somit die Situation nicht klären kann. Sie versucht nicht zu deuten, sondern lässt die Situation offen und sucht gegebenenfalls eine in diesem Fall kompetentere Person, die mit der Situation angemessen umgehen kann. Die andere Variante ist die Suche nach einem Dialog: Die Bezugsperson versucht in diesem Fall, eine Möglichkeit der Kommunikation mit dem nichtsprechenden Gegenüber zu finden, die diesem die Chance gibt, selbst Entscheidungen zu fällen und Bedürfnisse zu äußern.

Mit großem Interesse verfolge ich die Entwicklungen auf dem Gebiet der Unterstützten Kommunikation. Hierbei handelt es sich um alternative Kommunikationsmethoden, welche die Kommunikation über die Sprache ersetzen bzw. begleiten. Sie werden in der Arbeit mit Menschen mit verschiedenen Beeinträchtigungen eingesetzt, welche nicht oder kaum sprechen bzw. nur schwer verständliche Lautsprache produzieren.
Viele Erfolge mit Unterstützter Kommunikation wurden schon bei mehrfachbehinderten Menschen erreicht. Fasziniert habe ich z. B. einmal einen jungen Mann beobachtet, der aufgrund schwerer körperlicher Beeinträchtigung kaum einen Körperteil willentlich bewegen konnte. Man hatte herausgefunden, dass er eine seitliche Bewegung des Kopfes bewusst steuern konnte und so mit Hilfe eines Kopfschalters und einer Kommunikationstafel, auf welcher bestimmte Symbole (z. B. bei der Auswahl der Getränke am Frühstückstisch) nacheinander leuchteten (scanning) und per Knopfdruck angezeigt werden konnten, kommunizieren kann. Gerade solche elektronischen Hilfsmittel werden vermehrt erfolgreich zur Kommunikation eingesetzt und dies bei unterschiedlichen Formen der Beeinträchtigung.
Obwohl autistische Menschen meist keine Einschränkungen der Sprechwerkzeuge haben und auch ihr passives Sprachverständnis groß ist, benutzen sie teilweise keine Lautsprache. Stattdessen ist häufig eine Kommunikation über Gebärden und Symbole möglich und manchmal entwickelt sich dann die Lautsprache spontan parallel dazu. An entsprechender Stelle wird darauf konkret eingegangen.

Eigene Erfahrungen mit der Unterstützten Kommunikation mit Bildkarten habe ich mit einem fünfjährigen autistischen Jungen auf einer Ferienfreizeit gemacht. Ich wusste, dass er nichtsprechend ist, aber über ein sehr großes Sprachverständnis verfügt. Gleich an einem der ersten Tage habe ich eine Karte mit einem abgebildeten Trinkglas eingeführt. Von da an wurde er immer wieder darauf hingewiesen, mir die Karte zu reichen, wenn er etwas trinken möchte. Später kamen noch eine Karte für Kekse und eine für sein Lieblingsspielzeug hinzu. Anfangs benutzte er die einzelnen Karten nur, wenn ich sie ihm in der entsprechenden Situation hinhielt (an seinem Verhalten war sein Wunsch auch erkennbar). Nach einigen Tagen konnte er deutlich zwischen den drei abgebildeten Symbolen unterscheiden, nahm sich die Karten

selbstständig, wenn sie in Reichweite lagen und ging damit auf einen beliebigen Betreuer zu. Über diesen schnellen Erfolg war ich sehr erstaunt, zumal auch die Umgebung für den Jungen neu war und er mich nur von einigen wenigen Vortreffen kannte. Leider hat es sich nicht ergeben, mit ihm im Rahmen meiner Diplomarbeit weiterzuarbeiten. Aber es hat mich motiviert, mich intensiv mit dem Thema der Unterstützten Kommunikation auseinander zu setzen und diese in der Arbeit mit autistischen Kindern anzuwenden.
Ich bin überzeugt, dass genau in diesem Bereich ein umfangreiches Potenzial liegt, welches uns die Kommunikation mit autistischen Menschen, die gegenseitige Interaktion und das Aufbauen einer Beziehung erleichtern kann.

Die vorliegende Arbeit teilt sich in drei Bereiche, den theoretischen Teil, die Beschreibung der Studie und die Auswertung der Studie mit einer Rückbindung an die theoretischen Grundlagen.

Inhalt des theoretischen Teils ist die Beantwortung folgender zentraler Fragen zum Thema "Autismus und Kommunikation":

Wie kommunizieren autistische Menschen?

Wie kann man sich die Besonderheiten der Kommunikation erklären?

Welche Möglichkeiten der Verbesserung der Kommunikation gibt es?

Dazu wird zu Beginn geklärt, was unter Kommunikation verstanden wird. Im ersten Kapitel geht es um die Fragen: Was bedeutet Kommunikation? Wie kann man kommunizieren? Was läuft beim Vorgang der Kommunikation ab? Die Auseinandersetzung mit Modellen der Kommunikation geschieht im Hinblick auf drei Bereiche: den Ablauf organisch-neurologischer Vorgänge, die Möglichkeit zum Informationsaustausch auf der Sach- und der Beziehungsebene und die Stufen der kommunikativen Entwicklung.
Inhalt des zweiten Theorieteils ist die Auseinandersetzung mit dem Störungsbild Autismus. Der Schwerpunkt liegt hier auf den Besonderheiten der Kommunikation, welche zu den Hauptsymptomen des Autismus zählen. Mit Berücksichtigung der vorangegangen Definitionen und Beschreibungen von Kommunikation werden die zentralen Fragen geklärt. Konkret geht es um die Beschreibung der Kommunikation bei Menschen mit Autismus, um mögliche Erklärungsansätze und Interventionsmöglichkeiten für diese Störungen.

Aus den Antworten der oben genannten grundlegenden Fragen ergibt sich folgende zentrale These für den praktischen Teil der vorliegenden Arbeit:

Der Einsatz des Picture Exchange Communication Systems (PECS) ist eine Möglichkeit zur Verbesserung der Kommunikation und somit der Interaktion autistischer nichtsprechender Menschen mit ihrer Umgebung.

Dazu wird im dritten Kapitel das PECS vorgestellt und seine Arbeitsweise erläutert. Im vierten Kapitel folgt die Anwendung des PECS. Die Arbeit mit drei nichtsprechenden autistischen Kindern wird vorgestellt, indem zuerst der Anfangsstand ihrer Kommunikation, dann die Kommunikationsförderung mit dem PECS und schließlich Entwicklungen und Ergebnisse in der Zeit der gemeinsamen Arbeit beschrieben werden.

Im letzten Teil dieser Arbeit wird die Kommunikationsförderung mit dem PECS in den drei Fällen ausgewertet. Arbeitsweise, Entwicklungen und Ergebnisse werden erst einzeln diskutiert und dann verglichen. Am Ende werden einzelne Aspekte des PECS besprochen, Perspektiven aufgezeigt und Verbindungen zum theoretischen Teil sowie zu der zentralen These dieser Arbeit gezogen.

1 Betrachtung allgemeiner Kommunikationsmodelle

"Mit 'Kommunikation' soll jede erkennbare,
bewußte oder unbewußte,
gerichtete oder nichtgerichtete Verhaltensänderung bezeichnet werden,
mittels derer ein Mensch (oder mehrere Menschen) die Wahrnehmung, Gefühle, Affekte,
Gedanken oder Handlungen anderer
absichtlich oder unabsichtlich beeinflußt"
(Spitz 1978)

Kommunikation gehört zu den primären Eigenschaften des Menschen. Sie ist Teil seines Wesens und der Mensch ist ohne sie nicht denkbar und nicht lebensfähig. Nach dem Ganzheitlichen Entwicklungsmodell von Fröhlich (1995) ist die Kommunikation ein zentrales Element in der Entwicklung. Sie bedingt sich gegenseitig mit sechs weiteren Elementen der Entwicklung: Wahrnehmung, Sozialerfahrung, Gefühle, Körpererfahrung, Bewegung und Kognition.

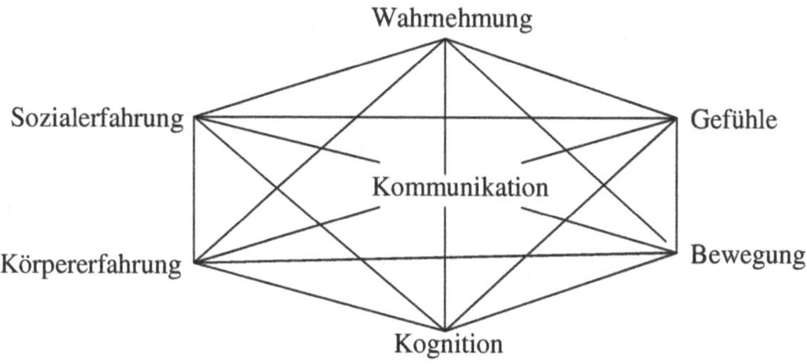

Abb. 1: Ganzheitliches Entwicklungsmodell nach Fröhlich (1995)

Die zentrale Rolle, welche Kommunikation in unserem Leben spielt, liegt in ihren Funktionen begründet. In der Entwicklung der Kommunikation beim Kleinkind unterscheidet man zunächst zwei grundlegende Funktionen der Kommunikation, die protoimperative und die protodeklarative Kommunikation (Sarriá, Gómez und Tamarit 1996). Protoimperative Kommunikation umfasst all jene verbalen und nonverbalen Äußerungen, die eingesetzt werden, um eine andere Person zu beeinflussen, eine bestimmte Handlung durchzuführen. Sie sind also funktional und werden im Zusammenhang mit einem Wunsch bzw. einem Bedürfnis eingesetzt. Z. B. zeigt ein Kleinkind auf einen Ball, der sich hinter dem Gartenzaun befindet, und möchte damit seine

Mutter auffordern, hinüberzugehen und den Ball zurückzuholen. Protodeklarative Kommunikation dient im Gegensatz dazu eher dem Teilen der Aufmerksamkeit. Sie wird genutzt, um eine andere Person auf etwas hinzuweisen, ohne jedoch eine bestimmte Handlung zu erwarten. Beispielsweise zeigt ein Kind auf einen vorüberfahrenden Zug, um sicher zu gehen, dass die Mutter diesen auch gesehen hat. Es ist zu erkennen, dass Kommunikation einen überwiegend funktionalen und einen überwiegend informativen, sozialen Charakter haben kann. Beide entwickeln und verändern sich im Laufe des Lebens und sind häufig nicht klar voneinander zu trennen. Eine Person kann eine Aussage machen (wie beispielsweise: "Es ist sehr dreckig hier."), die in erster Linie informativ ist und den Zuhörer auf etwas aufmerksam machen will. Dennoch ist es möglich, dass eine Handlungsaufforderung damit verbunden ist.
Nachfolgend eine Sammlung kommunikativer Funktionen:

Gedankenaustausch Information Darstellung
Ausdruck von Wünschen Mitteilung Verstehen
Ausdruck von Gefühlen Motivation Beruhigung
Teilen von Erfahrungen Interaktion Reaktion
Klärung von Missverständnissen Unterhaltung Beziehungsaufbau

Ebenso umfangreich wie die Anzahl der Funktionen, welche Kommunikation zu erfüllen hat, sind auch die Mittel und Wege, über welche Kommunikation stattfindet.
Kommunikation kann ...

... mit anderen stattfinden oder mit dem Selbst,
... verbal oder nonverbal sein,
... nah oder distanziert,
... gefühlvoll oder oberflächlich,
... zeitgleich oder zeitversetzt (z. B. im Brief),
... bidirektional (Informationen von A nach B und zurück) oder unidirektional (nur von A nach B),
... bewusst oder unbewusst,
... direkt oder indirekt (z. B. übers Telefon),
... kongruent (alle gesendeten Signale sagen das Gleiche aus) oder inkongruent (Signale widersprechen sich) (vgl. Schulz von Thun, 1981),
... symmetrisch (gleiche Stellung der Partner) oder komplementär (unterschiedliche Stellung der Partner) (vgl. Watzlawik, Beavin & Jackson, 1969).

Sowohl Funktionen, Mittel und Wege der Kommunikation werden in der Literatur umfangreich beschrieben. Aus der Vielzahl der Kommunikationstheorien und Kommunikationsmodelle werden folgende in dieser Arbeit betrachtet:

- Kommunikation – Der Ablauf organisch-neurologischer Vorgänge
- Kommunikation – Die Möglichkeit zum Informationsaustausch
- Kommunikation – Die Stufen eines Entwicklungsprozesses

1.1 Kommunikation – Der Ablauf neurologisch-organischer Vorgänge

In der Literatur finden sich verschiedene Erklärungsmodelle, die den organisch-neurologischen Vorgang der Kommunikation darstellen. Sowohl Schiefelbusch (1977) als auch Becker und Sovak (1975) teilen den Kommunikationsvorgang in drei Bereiche:

- den impressiven Bereich,
- den integrativen Bereich und
- den expressiven Bereich.

Diese Einteilung gilt im Hinblick auf Reize und Reaktionen in der Kommunikation nach Schiefelbusch (1977) für folgende sensorische Modalitäten: akustische Wahrnehmung, visuelle Wahrnehmung, taktile Wahrnehmung und olfaktorische Wahrnehmung.

Kommunikative Reize können demnach mit verschiedenen Sinnen wahrgenommen werden und auch auf verschiedene Art und Weise beantwortet werden. Als mögliche Antwortmodalitäten nennt Schiefelbusch (1977) die Sprache, die Schrift, Zeichen und Motorik.

Nachfolgend wird der Ablauf allgemein beschrieben und dann am Beispiel der Sprache als Kommunikationsmedium erläutert.

Zum *impressiven* Bereich gehören die aufnehmenden sensorischen Modalitäten. Becker und Sovak (1975) unterscheiden hier zwischen dem peripheren impressiven Abschnitt und dem zentralen impressiven Abschnitt. Dabei ist der periphere Abschnitt das den Reiz aufnehmende Organ und der zentrale Bereich die zugehörigen Rindenfelder des Großhirns.

Der *integrative* Bereich ist der Ort der vermittelnden, mediativen Funktionen, welcher sich ebenfalls auf dem Großhirn befindet. Mit Hilfe von Transformation, Konstruktion und Symbolisation werden dort die empfangenen Reize dekodiert. D. h. die Impulse/Impulsmuster werden mit bereits vorhandenen Informationen abgeglichen

und dann als bereits bekannt entschlüsselt und eingeordnet oder als unbekannt gespeichert bzw. bearbeitet. Ebenso werden an dieser Stelle die Reize der verschiedenen Sinne miteinander kombiniert. Wurde der Reiz verarbeitet und verstanden, kann er beantwortet werden.
Der *expressive* Bereich ist für die Reaktion verantwortlich. Im zentralen expressiven Abschnitt wird die Reaktion auf ihre Ausführung vorbereitet, d. h. sie wird in weiterleitbare Impulse verwandelt, also enkodiert und danach vom peripheren expressiven Abschnitt ausgeführt. Den zentralen Abschnitt bilden demnach mehrere Rindenfelder des Großhirns und den peripheren ein Organ oder ein Körperteil.

Nachfolgende Abbildung soll den Ablauf der Kommunikation verdeutlichen:

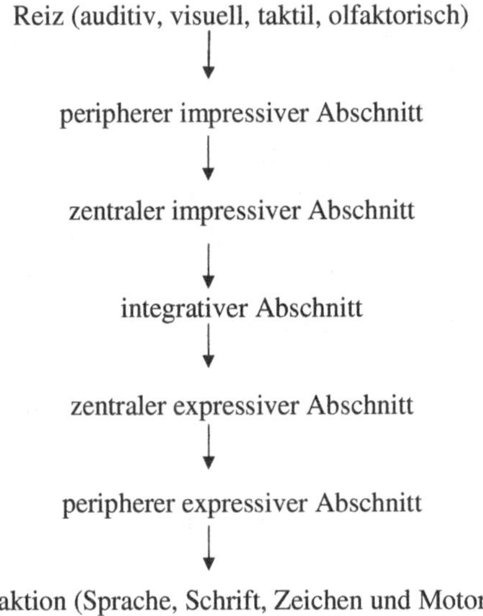

Abb. 2: Der Weg vom Reiz zur Reaktion – Kommunikationsmodell nach Becker und Sovak (1975)

Zur Kontrolle nennen Becker und Sovak (1975) verschiedene Wege der Rückkopplung: die eigene innere kinästhetische Rückkopplung, die eigene äußere auditive und visuelle Rückkopplung und die äußere, soziale Rückkopplung durch das Gegenüber. Wird ein kommunikativer Reiz von einer Person aufgenommen, bearbeitet, beantwortet und die Reaktion wiederum vom Gegenüber aufgenommen, bearbeitet und beantwortet, so sprechen wir von Kommunikation. Die jeweilige Reaktion eines Kommunikationspartners bildet einen erneuten Reiz für den anderen.

Für eine erfolgreiche Kommunikation ist es notwendig, dass die beiden Kommunikationspartner über einen gemeinsamen Zeichenvorrat verfügen. Das bedeutet, dass Teile der Zeichen, die eine Person zur Kommunikation verwendet, mit einem Teil der Zeichen der anderen Person übereinstimmen müssen. Zu diesen Zeichen gehören alle verbalen und nonverbalen Äußerungen. Es ist also anzunehmen, dass die Kommunikation umso erfolgreicher verläuft, je größer der gemeinsame Vorrat an Zeichen ist.
Störungen der Kommunikation können grundsätzlich an allen Stellen auftreten. So können im peripheren und zentralen impressiven Bereich Wahrnehmungsstörungen und Ausfälle vorliegen (z. B. Seh- oder Hörstörungen), im integrativen Bereich kann die Klärung der Bedeutung im Abgleich mit vorhandenen Informationen misslingen (z. B. Sensorische Integrationsstörung) und im expressiven Bereich können Probleme beim Planen und Ausdrücken der Reaktion auftreten (z. B. Handlungsstörungen). Ebenso kann die Ursache möglicherweise in einem ungenügenden gemeinsamen Zeichenvorrat begründet liegen.

Bei der Kommunikation über die Sprache fungieren als Sinne der Reizaufnahme das Ohr und das Auge. Über das Ohr können gesprochene Worte als akustische Reize aufgenommen werden und über das Auge geschriebene Worte als auch das Mundbild gesprochener Worte als visuelle Reize. Eine sprachliche Reaktion kann akustisch als gesprochenes Wort oder motorisch als geschriebenes Wort erfolgen. Hier wird die Aufnahme und Verarbeitung akustischer sprachlicher Reize betrachtet. (Müller, 2001)
Zum *peripheren impressiven Abschnitt* gehören in diesem Fall das Außenohr und das Innenohr. Über das Außenohr wird das gehörte Wort in Form von Schallwellen als Reiz aufgenommen, über das Trommelfell und die Gehörknöchelchen verstärkt und im Innenohr in nervöse Impulse umgewandelt. Diese wiederum werden über die Hörbahn zum *zentralen impressiven Abschnitt*, dem primären Hörzentrum[2] als dem Ort der Hörwahrnehmung, weitergeleitet. Das sekundäre Hörzentrum entspricht dem Hörgedächtnis und bildet somit das integrative Zentrum für die Verarbeitung der Sprache. An dieser Stelle werden die wahrgenommenen Laute als bedeutungsvolles

[2] Das in primäres und sekundäres aufgeteilte Hörzentrum befindet sich in der linken Hirnhälfte. Es wird auch als Sensibles Sprachzentrum (bzw. Wernicke-Sprachzentrum) bezeichnet.

Wort mit bisher gespeicherten verbalen Informationen abgeglichen und als bekannt oder unbekannt verarbeitet. Zudem werden die Informationen auch mit denen anderer Sinneskanäle verknüpft. Diese komplexe Form der Integration einzelner Eindrücke ist Aufgabe des so genannten tertiären Assoziationsgebietes, welches folglich auch Teil des *integrativen Bereiches* ist und möglicherweise für die höchsten Formen menschlichen Wahrnehmens und Erkennens zuständig ist. Nach erfolgreicher Integration kann die Beantwortung des Reizes eingeleitet werden. Diese erfolgt über das motorische Sprachzentrum[3], welches in diesem Falle dem *zentralen expressiven Bereich* entspricht. Hier wird die Antwort konkret geplant und über die Nervenbahnen an die *peripheren expressiven Modalitäten* weitergeleitet. Sowohl die Stimme als auch die Muskeln der Mundmotorik werden innerviert. Die Reaktion kann dann als gesprochenes Wort erfolgen.

Zur Verdeutlichung des Ablaufes der Kommunikation über das Medium Sprache wird das oben eingeführte Modell von Becker und Sovak (1975) durch die jeweiligen Bereiche der Sprachverarbeitung ergänzt:

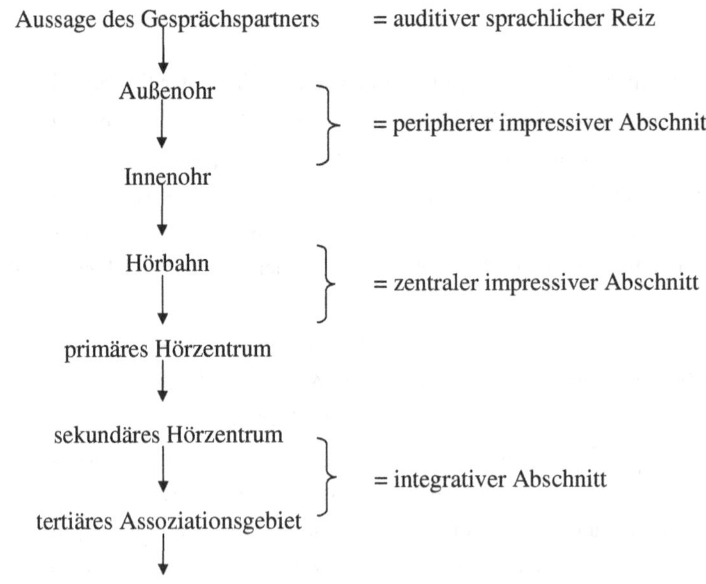

[3] Das sich ebenfalls in der linken Hirnhälfte befindliche motorische Sprachzentrum wird auch als Broca-Sprachzentrum bezeichnet.

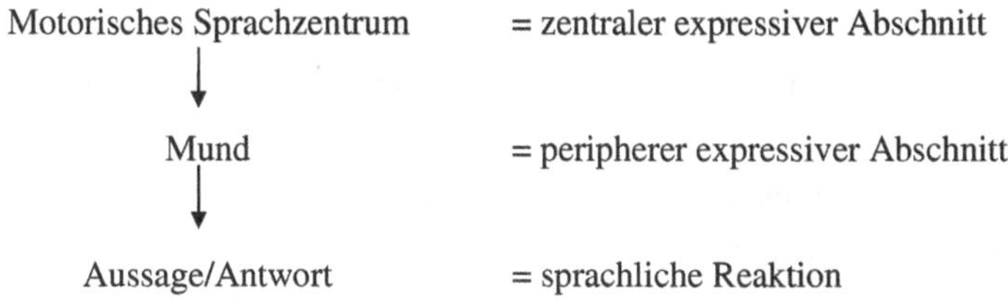

Abb. 3: Vom Reiz zur Reaktion am Beispiel der Sprache

Störungen der Kommunikation mittels Sprache können an allen genannten Stellen auftreten. Im peripheren impressiven Abschnitt kann als Störung beispielsweise eine Schwerhörigkeit vorliegen. Dadurch werden bestimmte akustische Reize nicht oder nur unvollständig aufgenommen. Ebenso kann die Arbeit der zentralen impressiven Bereiche beeinträchtigt sein, beispielsweise durch einen als "Rindentaubheit" bezeichneten Ausfall des primären Hörzentrums. Eine mögliche Störung des integrativen Bereiches wäre der Ausfall des sekundären Hörzentrums, auch "Seelentaubheit" genannt. Dabei können gehörte Worte nicht mit bereits abgespeicherten Begriffen abgeglichen werden. Die Bedeutung des Gehörten kann nicht geklärt werden. Ebenso kann es zu Störungen des tertiären Assoziationsgebietes kommen, welche nach sich ziehen, dass Informationen verschiedener Sinne nicht sinnvoll zu einem Ganzen zusammengefügt werden. Bei einer Störung im Motorischen Sprachzentrum – im zentralen expressiven Bereich – werden möglicherweise Begriffe, deren Bedeutung klar ist, nicht richtig in Laute umgewandelt und dadurch für den Gesprächspartner missverständlich geäußert. Schließlich kann die Kommunikation auch durch die peripheren expressiven Organe beeinträchtigt werden. Liegt eine Behinderung der Sprechwerkzeuge vor, so wird die Artikulation undeutlich, auch wenn sie im motorischen Sprachzentrum richtig umgewandelt werden konnte. Es ist zu erkennen, dass eine Störung der Kommunikation durch eine Vielzahl an Ursachen hervorgerufen werden kann.

Daraus lässt sich ableiten, dass bei einer Person, die nicht erwartungsgemäß sprachlich reagiert, nicht zwangsläufig auch eine Beeinträchtigung des Sprachverständnisses vorliegen muss.

1.2 Kommunikation – Die Möglichkeit zum Informationsaustausch

Kommunikation bedeutet immer das Senden und Empfangen bzw. das Austauschen von Informationen.

Die Grundfrage der Kommunikation lautet nach Reimann (1991) folgendermaßen:

Wer sagt was wie zu wem mit welcher Wirkung?

Die fünf zentralen Bestandteile der Kommunikation sind folglich

- der Sender (Wer?),
- die Information (Was?),
- die genutzten Signale (Wie?),
- der Empfänger (Zu wem?) und
- die Reaktion (Mit welcher Wirkung?).

Die an der Kommunikation beteiligten Personen sind der *Sender* A und der *Empfänger* B. Da sich die Aufgabe von A nicht nur auf das Senden beschränkt und die von B nicht nur auf das Empfangen, sprechen wir von einer Doppelfunktion der Beteiligten, d. h. sowohl A als auch B sind in der Kommunikation Sender und Empfänger. Trotzdem gehen wir im Modell der Kommunikation davon aus, dass A zuerst sendet und B zuerst empfängt. (In der Realität ist selten genau zu beobachten, welcher der beiden Partner die Kommunikation begonnen hat. Selbst wenn klar ist, wer in einem Gespräch den ersten Satz gesagt hat, muss dieser nicht unbedingt die Kommunikation begonnen haben, da von beiden sicher schon vorher nonverbale Signale gesendet wurden.)

Weiterhin gibt es die mitgeteilte Nachricht bzw. *Information* (welche sich, wie unten genauer differenziert wird, auf der Sach- oder der Beziehungsebene befinden kann). Hier geht es um den Inhalt und die Bedeutung, die die Information für die beteiligten Kommunikationspartner A und B hat. Im Idealfall stimmt die Bedeutung der Information bei A und B überein. In der Realität ist oft nicht identisch, was A meint und dann sagt und was B hört und versteht. Dies ist bereits Teil der oben genannten *Wirkung*, also der Reaktion von B auf die Information von A. Hier ist zu unterscheiden, welche Wirkung A wünscht, also mit welcher Intention er eine Information weitergibt, und welche Wirkung tatsächlich bei B erfolgt. Beispielsweise sagt ein Mann zu seiner Frau: "Du siehst heute richtig gut aus!" Er möchte ihr damit ein Kompliment machen. Sie aber interpretiert, dass sie zwar heute gut aussieht, aber sonst nicht. Sie fasst also die Aussage nicht als Kompliment auf, sondern als Hinweis, dass sie sich sonst nicht genug um ihr Äußeres kümmert und reagiert entsprechend unerfreut.

Der fünfte Bestandteil der Kommunikation ist das "Wie", also die Art und Weise der übermittelten Informationen. Wir unterscheiden *verbale und nonverbale Signale.* Bei Reimann (1991) werden folgende Aspekte der Kommunikation genannt:
verbale Aspekte:

- Sprache (vokal)
- Schrift (nonvokal)

nonverbale Aspekte:

- Mimik und Gestik (nonvokal, kinetisch)
- nichtsprachliche Laute, Stimmlage, Stimmstärke, Sprechpausen (paraverbal, vokal)
- Berührung, Körperkontakt (kinetisch, haptisch)
- Raum – Distanz (proxemisch)
- Gerüche, Parfums (olfaktorisch)
- Körperbewegung und Körperhaltung (Pantomimik)
- sozialkommunikative Handlungen (Rituale, Zeremonien)
- Status und Rollenpräsentation (z. B. durch Kleidung, Schmuck, Mobiliar).

Zudem wird Kommunikation durch die Umwelt (z. B. Licht, Temperatur, Geräusche) und spezifische Situationen (z. B. Termindruck, beteiligte Personen) beeinflusst.
Alle genannten Aspekte können je nach ihrer Qualität die Kommunikation fördern oder behindern, ermöglichen oder abbrechen.

Die verbalen und nonverbalen Anteile können sich einerseits gegenseitig ergänzen, wobei häufig die nonverbalen Signale die verbalen unterstreichen, aber andererseits auch widersprechen, indem z. B. durch den Tonfall die verbale Aussage entkräftet werden kann. Im oben genannten Beispiel könnte also der Mann das Kompliment an seine Frau ("Du siehst heute richtig gut aus!") unterstreichen, indem er anerkennend nickt und sie ehrlich anlächelt. Er könnte es aber auch vollkommen entkräften, indem er die Aussage mit einem ironischen Unterton formuliert, dabei den Kopf schüttelt und lacht.

Im Zusammenhang zu allen oben genannten Bestandteilen der Kommunikation wird nun auf den Informationsaustausch, also den Inhalt und die Bedeutung der gesendeten und empfangenen Informationen, eingegangen.
In der Literatur werden der Kommunikation häufig verschiedene Aspekte zugeschrieben. Watzlawik et al. (1969) unterteilen in den Inhalts- und den Beziehungs-

aspekt. Schulz von Thun (1981) dagegen unterscheidet insgesamt vier Seiten einer Nachricht: den Sachaspekt, den Beziehungsaspekt, den Selbstoffenbarungsaspekt und den Appellaspekt, wobei die letzten drei inhaltlich mit dem Beziehungsaspekt von Watzlawik et al. (1969) zu vergleichen sind und der Sachaspekt (Schulz von Thun, 1981) weitgehend dem Inhaltsaspekt (Watzlawik et al., 1969) entspricht. Deshalb soll in diesem Rahmen eine Zweiteilung in Sach- und Beziehungsinformationen genügen. Zu beachten ist, dass es praktisch keine Kommunikation gibt, die sich ausschließlich auf der einen oder der anderen Ebene bewegt, d. h. jede Information enthält immer einen Sachaspekt und einen Beziehungsaspekt, wobei die Informationen des Beziehungsaspektes in den meisten Fällen überwiegen.

1.2.1 Informationsaustausch auf der Sachebene

Jede Kommunikation beinhaltet sachliche Informationen. Diese beziehen sich auf einen Gegenstand, eine Situation oder eine Person. A weiß (oder denkt bzw. vermutet) etwas über diesen Gegenstand (diese Situation oder Person), benennt oder beschreibt dies und B empfängt dies. Die Informationen werden hauptsächlich verbal geäußert und ggf. nonverbal begleitet (z. B. durch unterstreichende Gesten). Die Aussagen können sowohl wahr als auch falsch sein, gültig oder ungültig bzw. unentscheidbar (Watzlawik et al., 1969). Die sachlichen Informationen stehen in engem Zusammenhang mit dem Hintergrundwissen der beteiligten Partner. Abhängig davon, wie viel A über das Hintergrundwissen von B weiß, fallen seine Informationen aus. Berichtet z. B. ein Heilpädagoge einem Kollegen über ein integratives Schulprojekt, so kann er davon ausgehen, dass bei diesem ein gewisses Hintergrundwissen zur Thematik "Integration von Schülern mit Beeinträchtigungen" vorliegt. Unterhält er sich stattdessen darüber mit einem flüchtigen Bekannten, der beispielsweise Mathematiker ist, so muss er zuerst klären, über welches Hintergrundwissen dieser verfügt und ggf. die eigentliche Information durch grundlegende Aspekte ergänzen. D. h. sachliche Kommunikation kann auf verschiedenen Ebenen stattfinden.

Eine gemeinsame Kommunikationsebene (bzw. ein gemeinsames Kommunikationsniveau) liegt dann vor, wenn es eine umfangreiche Anzahl an Begriffen und an nonverbalen Signalen gibt, bei denen beide Partner in der Bedeutungsklärung übereinstimmen.

Besteht zwischen den Partnern eine kommunikative Distanz (Reimann, 1991), d. h. die Partner befinden sich auf verschiedenen Kommunikationsniveaus, so muss sich einer von beiden (derjenige auf dem höheren Niveau) an den anderen (denjenigen auf

dem niedrigeren Niveau) anpassen können, damit die Kommunikation erfolgreich sein kann. Ist die Annäherung nicht möglich, so wird für eine erfolgreiche Kommunikation ein Vermittler (Moderator, Mediator, Übersetzer) notwendig, welcher sich auf den beiden Kommunikationsniveaus der Partner bewegen kann.
Für eine gute Kommunikation auf der Sachebene ist es also notwendig, dass die Kommunikationspartner das Hintergrundwissen des anderen einschätzen können und dass sie sich auf einem gemeinsamen Kommunikationsniveau treffen oder der Niveauunterschied durch einen Vermittler überbrückt wird.

1.2.2 Informationsaustausch auf der Beziehungsebene

Wie schon oben erwähnt enthält jede Kommunikation neben der Sachinformation auch eine Beziehungsinformation. Diese wird häufig nonverbal ausgedrückt und geschieht meist unbewusst. Sie enthält immer Informationen über den Sender A, über den Anlass der Kommunikation und über die Beziehung von A zu B. So verdeutlicht A eine Selbstdarstellung und informiert B über sein emotionales Befinden. Der geäußerte Anlass kann eine Absicht sein, ein Appell oder eine Erwartung, welche A an B hat. Er kann beispielsweise B zu einer bestimmten Handlung bewegen wollen oder das Ende des Gesprächs einleiten. Die Beziehung zueinander, also auch die Stellung, in welche sich A gegenüber B begibt, verdeutlicht A hauptsächlich durch nonverbale Signale wie seine Körperhaltung oder seinen Tonfall. Vom Empfänger B werden die gesendeten Zeichen erkannt und interpretiert, d. h. er gibt der Körperhaltung oder dem Tonfall seines Gegenübers eine Bedeutung. Diese muss nicht mit den Absichten von A übereinstimmen, aber gemeinhin wird davon ausgegangen, dass gerade nonverbale, unbewusste Signale eher wahrheitsgemäß gesendet und empfangen werden als Sachinformationen. Doch kann es ebenso wie bei letzteren zu Problemen und Missverständnissen kommen, wenn sich die Partner auf unterschiedlichen Niveaus bewegen und den gleichen Signalen aufgrund ihrer Herkunft/Sozialisation unterschiedliche Bedeutungen beimessen.
Das Senden und Empfangen von Beziehungsinformationen steht in engem Zusammenhang mit den Selbst- und Fremdbildern der beteiligten Personen (Reimann, 1991).
So existiert bei A:

1. ein Selbstbild
2. ein Fremdbild von B
3. ein Fremdbild vom Selbstbild des B
4. ein Fremdbild des Fremdbildes, welches B von A hat und

5. ein Fremdbild des Fremdbildes, welches B vom Selbstbild des A hat.

Das Gleiche gilt vice versa auch für B.

Ein Beispiel: A ist der Vorgesetzte von B. A sieht sich selbst als nett und gerecht seinen Angestellten gegenüber (1.). Von B hat er das Bild eines fleißigen Mitarbeiters (2.). Er denkt aber, dass B alles perfekt machen möchte (3.). A vermutet, dass er auf B einen ziemlich dominanten Eindruck macht (4.) und glaubt, dass B ihn selbst als Person mit sehr hohen Ansprüchen sieht (5.).

Es wird deutlich, dass Kommunikation immer Informationen auf der Sachebene und auf der Beziehungsebene enthält. Diese Ebenen sind theoretisch zu unterscheiden, praktisch aber nicht zu trennen.

1.3 Kommunikation – Die Stufen eines Entwicklungsprozesses

Von Geburt an können bei einem Menschen kommunikative Interaktionen mit seiner Umwelt beobachtet werden. Der Säugling verwendet schon in den ersten Lebensmonaten Signale, die Wünsche oder Unzufriedenheit ausdrücken sollen. In der nachfolgenden Tabelle (in Anlehnung an G. Kane, 1992) soll die Entwicklung der Kommunikation bis zum Beginn des Sprechens dargestellt werden.

Alter in Monaten	Phase der Entwicklung	Kommunikatives Verhalten
0 – 5	Ungezieltes Verhalten	• das Kind schaut Objekte an, verspannt den Körper, wedelt mit den Armen und schreit, wenn es einen Gegenstand haben möchte • fordert das Kind eine Handlung, unterbricht es sein Tun, überstreckt den Körper, schaut ein Objekt an • Ereignisse können durch Lächeln und Gurren kommentiert werden • Protest wird durch Schreien, Wedeln der Arme und Überstrecken des ganzen Körpers deutlich
5 – 7	Gezieltes Verhalten	• das Kind schaut nach einem gewünschten Objekt und greift danach • um eine Handlung zu fordern, schaut das Kind zu einem Objekt und schiebt dieses an, oder es streckt seine Hand einer Bezugsperson entgegen

		• Ereignisse werden kommentiert, in dem das Kind nach dem zugehörigen Objekt greift • wird dem Kind etwas weggenommen, so schaut es dem Objekt hinterher, zeigt Unmutslaune oder versucht es festzuhalten
7 – 9	Partnerbezogene Äußerungen	• fordert das Kind von einer anderen Person einen Gegenstand, so schaut es die Person an, äußert einen fordernden Laut und macht eine Greifbewegung • möchte das Kind, dass ein Erwachsener eine bestimmte Handlung tut, so schiebt es dessen Hand zu dem Objekt oder gibt ihm dieses, damit er die Handlung ausführt • beobachtet das Kind ein bestimmtes Ereignis und möchte dies kommentieren, so pendelt es mit dem Blick zwischen dem Ort des Geschehens und einer Person hin und her und äußert Laute • wird versucht, dem Kind etwas wegzunehmen, so bringt das Kind das Objekt außerhalb der Reichweite des Erwachsenen, hält es fest, schaut die Person an und äußert mit Lauten seinen Unmut
9 – 12	Konventionelle Äußerungen	• das Kind zeigt die "Gib-mir"-Geste und schaut die Bezugsperson an, wenn diese ihr ein bestimmtes Objekt aushändigen soll, der Blick pendelt zwischen der Person und dem Objekt und das Kind äußert "da", während es auf das Objekt zeigt • um einen Erwachsenen zu bewegen, mit einem Objekt eine Handlung auszuführen, macht das Kind die "Bitte-Bitte"-Geste und gibt mit der Äußerung "da" das Objekt dem Erwachsenen • besondere Ereignisse werden vom Kind mit "Oh" und Beifall kommentiert, bei Geräuschen hält das Kind die Hand ans Ohr und schaut eine Person an • Protest wird durch Kopfschütteln und die Laute "eh-eh" ersichtlich, Schimpfen in intonierten Silben

12 – 15	Symbolische Äußerungen	• das Kind benennt bereits einige Gegenstände und fordert diese verbunden mit einer Zeigegeste • das Kind benutzt das Wort "Mama" als Stellvertreter für eine Bitte um Hilfe, Aufmerksamkeit etc. • Handlungen durch Erwachsene werden auch mit einzelnen Wörtern eingefordert, z. B. "noch" und "an", wenn der Erwachsene eine Spieluhr o. Ä. zum Laufen bringen soll, das Objekt wird ihm dazu gegeben • das Kind äußert Kommentare auch schon verbal und sagt beispielsweise "Schau", wenn es eine Bezugsperson auf etwas hinweisen möchte • Protest wird durch ein "Nein" und Kopfschütteln verkündet oder durch das Festhalten eines Objektes und "haben", wenn ihm etwas abgenommen werden soll

Abb. 4: Die Entwicklung der Kommunikation nach Kane (1992)

Die Tabelle macht deutlich, dass Kinder schon in den ersten Monaten ihres Lebens kommunikative Mitteilungen produzieren und diese sehr schnell komplexer und umfassender werden. Bevor ein Kind über Sprache verfügt, benutzt es Gesten, Laute und Verhaltensänderungen, um Bedürfnisse, Wünsche und Ablehnung mitzuteilen. Kane (1992) geht davon aus, dass bei Kindern bis zum Alter von 20 Monaten die Kommunikation durch Gesten im Vergleich zur sprachlichen Kommunikation überwiegt. Erst dann beginnt das Kind für seine Äußerungen hauptsächlich die Sprache einzusetzen. Der Einsatz von nonverbalen kommunikativen Medien bleibt erhalten und wird im Laufe des Lebens eher unbewusst für Mitteilungen auf der Beziehungsebene eingesetzt. (vgl. 1.2 Kommunikation auf der Sachebene und auf der Beziehungsebene)

Die weitere Entwicklung der Kommunikation steht in engem Zusammenhang mit der Motorik, der Wahrnehmung, den kognitiven Voraussetzungen und dem Wortverständnis des Kindes sowie den Anregungen und Informationen, die das Kind aus seiner Umgebung erhält.

Liegen in einem dieser Bereiche Störungen vor, so kommt es zwangsläufig zu Auffälligkeiten und Verzögerungen in der Kommunikationsentwicklung.

2 Autismus und Kommunikation

"Ich schrie, weil es für mich die einzig mögliche Weise war,
mich verständlich zu machen.
Wenn mich Erwachsene direkt ansprachen, konnte ich alles verstehen, was sie sagten.
Wenn sie untereinander sprachen, klang es wie Kauderwelsch.
Was ich sagen wollte, wußte ich genau, aber ich konnte es nicht herausbringen. [...]
Wenn mich etwas ärgerte, schrie ich.
Das war die einzige Möglichkeit, mein Unbehagen auszudrücken."
(Temple Grandin, Autistin)[4]

Im vorangegangenen Kapitel wurden verschiedene theoretische Ansätze zum Thema "Kommunikation" betrachtet. Es wurde aufgezeigt, was Kommunikation bedeutet und wie sie abläuft. Kurz habe ich auch angeführt, welche Störungen der Kommunikation aufgrund vielfältiger Ursachen auftreten können.
An dieser Stelle werde ich nun den Zusammenhang zwischen Autismus und Kommunikation herstellen und das "Phänomen" Autismus besonders im Hinblick auf kommunikative Fähigkeiten und Funktionen betrachten. Der Begriff "Autismus" wird hierbei synonym für das im DSM IV[5] als "Autistische Störung" und im ICD-10[6] als "Frühkindlicher Autismus" beschriebene Störungsbild verwendet.

> "Hauptmerkmale der Autistischen Störung sind eine deutlich abnorme und beeinträchtigte Entwicklung im Bereich der sozialen Interaktion und der Kommunikation sowie ein deutlich eingeschränktes Repertoire an Aktivitäten und Interessen. Die Störung weist je nach Entwicklungs- und Altersstufe des Betroffenen eine große Variationsbreite auf." (DSM IV, 1998, S. 103)

Auffälligkeiten in der Kommunikation zählen demnach zu den primären Symptomen des Autismus. Einzelne Merkmale und mögliche Erklärungen für deren Abweichung zur Kommunikation von nichtautistischen Menschen werde ich nun aufzeigen und diskutieren. Es ist zu beachten, dass die aufgeführten Merkmale nicht bei jeder autistischen Person in gleicher Ausprägung auftreten. Ebenso wie andere Symptome unterscheiden sich auch die kommunikativen Besonderheiten von Mensch zu Mensch.
Den letzten Teil dieses Kapitels bildet ein Überblick über Interventionsmöglichkeiten zur Verbesserung der Kommunikation zwischen autistischen und nichtautistischen Personen.

---

[4] In: Verein zur Förderung von autistisch Behinderten e. V. (1998). "Autistische Menschen verstehen lernen II – Mit Beiträgen von Betroffenen", S. 6.
[5] Saß, Wittchen & Zaudig (1998): Diagnostisches und statistisches Manual Psychischer Störungen.
[6] Dilling, Mombour, Schmidt & Schulte-Markwort (1994): Internationale Klassifikation von Krankheiten.

2.1 Besonderheiten der Kommunikation bei autistischen Menschen

Wie bereits im ersten Kapitel aufgeführt, gibt es eine breite Palette an kommunikativen Funktionen und Fähigkeiten, die der Mensch einsetzt, um sich mitzuteilen, sich auszudrücken und auszutauschen. Autistische Menschen zeigen in verschiedenem Ausmaß Auffälligkeiten im verbalen und auch im nonverbalen Bereich. Bryna Siegel nennt in ihrem Buch "The World of the autistic Child" (1996) verschiedene Bereiche der Kommunikationsstörung beim Autismus. Diese werden nun unter Ergänzung durch Informationen anderer Autoren beschrieben.

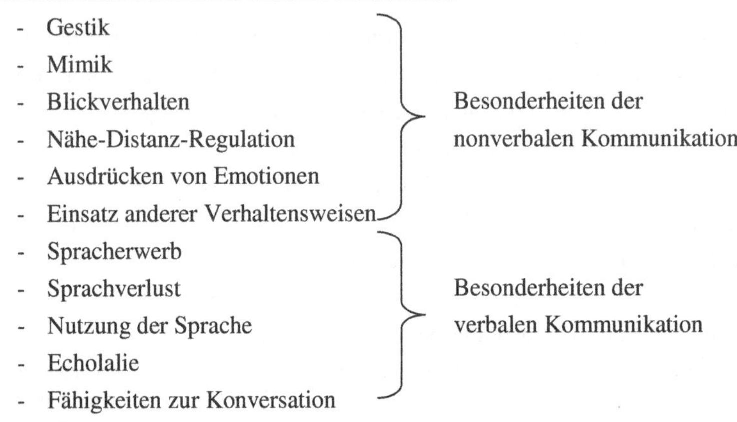

2.1.1 Der Einsatz von Gesten

Als erstes Anzeichen für eine abweichende Entwicklung im Einsatz von Gesten zur Kommunikation nennt Siegel (1996) das meist fehlende Händeausstrecken, welches Kinder benutzen, wenn sie hochgehoben werden wollen. Autistische Kinder zeigen diese Geste meist gar nicht, ohne Blickkontakt oder nur, wenn das Hochheben eine funktionale Aufgabe erfüllt, z. B. wenn das Kind dadurch an einen interessanten Gegenstand heranreichen kann. Das autistische Kind zeigt offensichtlich kein Interesse, von einer erwachsenen Bezugsperson hochgehoben zu werden, um dieser nahe zu sein, mit ihr zu schmusen etc. Ebenso entwickeln autistische Kinder kaum eine Zeigestrategie, welche andere Kinder schon in der Phase der Konventionellen Äußerungen (vgl. 1.3 Kommunikation – Die Stufen eines Entwicklungsprozesses) im Alter von ca. neun Monaten benutzen, um einen bestimmten Gegenstand zu bekommen. Sobald autistische Kinder stehen und gehen können, entwickeln sie stattdessen eine Ersatzstrategie und beginnen, andere Personen an der Hand zu führen, um so zu zeigen, an welchen Ort oder zu welchem Gegenstand sie wollen. Die Hand des anderen

wird als Instrument benutzt. Die Kommunikation hat einen deutlich funktionalen Charakter, d. h. es geht vordergründig darum, das gewünschte Objekt zu erreichen bzw. die Bezugsperson zu beeinflussen und deren Verhalten zu steuern bzw. zu kontrollieren, aber nicht um das Teilen von Aufmerksamkeit und Interesse.
Sarriá et al. (1996) weisen auf die Besonderheiten im Einsatz von protodeklarativen und protoimperativen Gesten hin (vgl. 1 Betrachtung allgemeiner Kommunikationsmodelle). Es kann deutlich beobachtet werden, dass autistische Kinder hauptsächlich protoimperative Gesten einsetzen. D. h. sie nutzen Gesten vordergründig, um Wünsche zu befriedigen und weniger im sozialen Kontext des Teilens der Aufmerksamkeit. Ebenso treten bei autistischen Kindern Schwierigkeiten im Verständnis deklarativer Gesten des Gegenübers auf (Kastner-Koller & Deimann, 2000).
Hettinger (1996) erwähnt noch den Unterschied zum Einsatz von Gesten im Vergleich zu nichtbehinderten Kindern und Kindern mit Down-Syndrom. Autistische Kinder zeigen deutlich weniger Interaktionssequenzen als die Vergleichsgruppen insgesamt. Jedoch gibt es keine signifikanten Unterschiede in der Anzahl an partnerbezogenen Gesten in einer solchen Sequenz. Wiederum unterscheiden sie sich von den nichtbehinderten Kindern und den Kindern mit Down-Syndrom im Charakter der Gesten. Autistische Kinder benutzen kaum emotionale Gesten, sondern hauptsächlich funktionale.

2.1.2 Mimik zur Kommunikation

Erstaunlicherweise erinnern sich viele Eltern daran, dass ihr autistisches Kind sie als Baby deutlich angelächelt und dies dann später abgelegt hat (Siegel, 1996). Dieses Lächeln wird wie bei nichtautistischen Kindern auch als soziales Lächeln verstanden. Allerdings wird vermutet, dass es sich sowohl bei autistischen Kindern als auch bei nichtautistischen Kindern um ein reflexartiges Lächeln handeln kann, welches nicht von den gleichen Hirnregionen kontrolliert wird wie das spätere bewusste soziale Lächeln. Andernfalls ist auch möglich, dass das Lächeln des autistischen Kindes sich auf einen interessanten Gegenstand bezieht oder dass es wirklich sozial ist und sich die den Autismus möglicherweise verursachende Dysfunktion des Gehirns erst später auswirkt.
Zum kommunikativen Einsatz der Mimik bei autistischen Menschen beschreibt Trepagnier (1996) einige Auffälligkeiten. Autistische Menschen benutzen das Gesicht ihres Gegenübers kaum als Informationsquelle. Sie können daran weder Bestätigung noch Missbilligung ablesen. Auch die eigene Produktion von Mimik wird als aty-

pisch beschrieben und wird insgesamt wesentlich seltener zur Kommunikation eingesetzt als von nichtautistischen Personen. Beispielsweise zeigen autistische Kinder wesentlich weniger soziales Lächeln. Trepagnier (1996) weist auf eine Studie von Dawson et al. (1990) hin, welche zeigt, dass bei 16 autistischen Kindern im Alter von zweieinhalb bis sechs Jahren beobachtet wurde, dass sie nur selten das Lächeln der Mutter erwidern.

Man kann an dieser Stelle vermuten, dass autistische Menschen eine generelle Störung im Erkennen von Gesichtern haben. Hermelin (1997) widerlegt dies anhand einer Versuchsreihe mit autistischen, nicht behinderten und geistig behinderten Kindern. Als Ergebnis beschreibt sie, dass autistische Kinder auch nicht mehr Probleme als andere haben, Gesichter von ihnen bekannten Personen zu erkennen. Allerdings zeigen sie im Vergleich zu nichtbehinderten und geistig behinderten Kindern Probleme beim Sortieren von emotionalen Gesichtsausdrücken. Sie können nur schwer zwischen freudig und traurig unterscheiden, auch dann nicht, wenn diese Emotionen im Zusammenhang mit Situationen (beispielsweise ein Kind mit einem Eis und ein Kind mit einem zerbrochenen Spiegel) dargestellt werden. Bei einer weiteren Aufgabe sollten alle Kinder Bilder verschiedener Personen in sinnvolle Gruppen teilen. Die Personen unterschieden sich in Geschlecht, Gesichtsausdruck und Kopfbedeckung. Die autistischen Kinder sortierten überwiegend nach der Kopfbedeckung und die Kinder der beiden anderen Gruppen nach dem Gesichtsausdruck. Hermelin (1997) konnte nicht nur dieses Problem im Erkennen von Gesichtsausdrücken aufzeigen, sondern auch Störungen in der eigenen Produktion von Mimik bei autistischen Kindern. Weder mit verbaler noch bildlicher Vorlage gelang es autistischen Kindern, emotionale Gesichtsausdrücke so anzunehmen, dass sie von anderen deutlich erkannt werden konnten.

2.1.3 Blickverhalten

> "... Gleichzeitig jemandem die Hand geben, zu ihm aufsehen, Blickkontakt suchen und dann noch 'Guten Tag' zu sagen, sind für mich zu viele verschiedene Dinge auf einmal, die ich nicht miteinander zu einer Einheit verbinden kann ... Wir sind nicht zeitgleich im motorischen Fluß. So kommen wir nie am gemeinsamen Punkt – dem Blickkontakt – an und verpassen uns." (Angelika Empt, Autistin)[7]

Laut Siegel (1996) gibt es bei fast allen autistischen Kindern schon bis zum Alter von zwei Jahren deutliche Auffälligkeiten im Blickverhalten: Sie zeigen keinen, nur

[7] In: Verein zur Förderung von autistisch Behinderten e. V. (1998). "Autistische Menschen verstehen lernen II – Mit Beiträgen von Betroffenen", S. 25.

flüchtigen oder starren, fixierten Blickkontakt. Oft schauen sie nur dann länger zu einer Person, wenn diese nicht gleichzeitig zurückschaut. Sie beobachten dann meist aus den Augenwinkeln oder zwischen den eigenen Fingern hindurch. Der Blickkontakt mit bekannten Personen ist bei autistischen Kindern wesentlich besser als der mit Fremden. Er wird funktional eingesetzt, d. h. das Kind versucht so mitzuteilen, dass es etwas haben möchte. Man kann allerdings kaum Blickkontakt zum Erregen und Teilen der Aufmerksamkeit beobachten, welchen nichtautistische Kinder schon im Altern von ca. sieben bis neun Monaten einsetzen, wenn sie eine andere Person auf ein Ereignis hinweisen wollen (vgl. 1.3 Kommunikation – Die Stufen eines Entwicklungsprozesses).
Manche autistischen Kinder suchen genau dann kurzen Blickkontakt zu engen Bezugspersonen, wenn sie etwas tun, was ihnen eigentlich untersagt ist. Weiterhin ist auffällig, dass autistische Menschen selten den Blick und die Blickrichtung anderer als Kommunikationsangebot sehen (Trepagnier, 1996). Die einzige Information, die sie dem Blick anderer entnehmen, bezieht sich auf sie selbst. Sie erkennen nur, ob der andere sie gerade anschaut oder nicht.
Sarriá et al. (1996) beschreiben zudem noch Besonderheiten des Blickverhaltens im Zusammenhang mit Gesten. 60 % aller autistischen Kinder halten keinen Blickkontakt im Zusammenhang mit einer von ihnen produzierten kommunikativen Geste, d. h. sie zeigen beispielsweise auf einen gewünschten Gegenstand ohne mit dem Blick zu verfolgen, ob die Bezugsperson diese Geste beobachtet und darauf reagiert. Ebenso zeigen sie Defizite im referentialen Sehen, d. h. sie verfolgen selten die Blicke oder Gesten einer anderen Person.

2.1.4 Regulierung der Nähe und Distanz

Autistische Menschen zeigen deutliche Unterschiede im Nähe- und Distanzverhalten im Vergleich zu nichtautistischen Menschen (Siegel, 1996). Dies wird schon in der frühen Kindheit deutlich. Häufig ist der räumliche Abstand zu anderen größer als bei Gleichaltrigen. Ist das autistische Kind mit einer Sache intensiv beschäftigt, so wendet es den anderen dabei meist den Rücken zu. Ebenso konnte bei vielen autistischen Kindern beobachtet werden, dass sie nicht direkt auf andere zugehen, sondern sich beispielsweise eher rückwärts bei einem Erwachsenen auf den Schoß setzen als vorwärts. Dies wiederum belegt, dass sie mit Sicherheit den Kontakt zu anderen suchen, aber häufig auf ungewöhnliche und weniger direkte Art und Weise, beispielsweise ohne Blickkontakt oder rückwärts. Die Nähe-Distanz-Problematik ist auffälliger im

Kontakt zwischen autistischen Menschen und fremden Personen, und bei autistischen Kindern eher bei Gleichaltrigen als bei Erwachsenen. Beschäftigt sich ein autistisches Kind gemeinsam mit einem Erwachsenen, so sitzt es bevorzugt neben dem Erwachsenen anstatt ihm gegenüber. Die gemeinsame Tätigkeit kann so auch ablaufen, ergibt aber nicht so viele Gelegenheiten eines Blickkontaktes.

2.1.5 Ausdruck von Emotionen

Schon in den ersten Lebensmonaten setzen Kinder verschiedene Laute ein, um ihren Bedürfnissen Ausdruck zu verleihen. Diese Laute ähneln sich bei nahezu allen Kleinkindern und können oft auch von Personen verstanden werden, die nicht zu dem engeren Bezugskreis des Kindes gehören. Auch autistische Kinder setzen sehr früh Laute ein, um Bedürfnisse zu äußern. Allerdings wurde beobachtet, dass diese Laute von Außenstehenden häufig sehr schwer zu deuten waren und dass selbst Eltern von autistischen Kindern die Laute anderer autistischer Kinder nicht einordnen konnten. Diese Laute haben häufig einen ungewöhnlichen und repetitiven Charakter (Siegel, 1996).

Weiterhin ist auffällig, dass die von autistischen Menschen gezeigten Emotionen häufig sehr extrem sind. Positive Aufregung und große Unzufriedenheit können von fast allen autistischen Menschen deutlich gezeigt werden. Aber kleinere Nuancen wie der Unterschied zwischen Ärger und Frust, Abneigung und Ekel oder Zufriedenheit und Stolz sind schwer zu erkennen. Insgesamt werden emotionale Äußerungen verhältnismäßig häufiger in nicht-sozialen Situationen gezeigt, Freude wird deutlicher beim Erkennen bestimmter Objekte als bei Personen, Lachen tritt häufiger bei extremen Bewegungen wie Drehen und Springen auf als bei sozialen Spielen wie "Guck-Guck-da". Im Gegensatz zu nichtautistischen Menschen zeigen autistische Menschen wenig Anzeichen von Freude oder Stolz, wenn sie eine Aufgabe erfolgreich erledigt haben, oder sie freuen sich deutlich, teilen diese Freude aber nicht mit anderen. Außerdem werden Ausdrücke von emotionalem Befinden häufig ohne erkennbaren Zusammenhang gezeigt. Viele autistische Kinder beginnen scheinbar plötzlich ohne jeden (für den Außenstehenden ersichtlichen) Grund zu lachen oder sie zeigen unangemessene Reaktionen auf Situationen oder Emotionen anderer, beispielsweise lachen sie, wenn andere Kinder weinen etc. Daran wird deutlich, dass autistische Menschen nicht nur Probleme im Ausdrücken von Emotionen haben, sondern auch im Erkennen dieser beim Gegenüber. Es wurde bereits erwähnt, dass autistische Menschen schwer Gesichtsausdrücke deuten können. Die gleichen Schwierigkeiten treten bei allen verbalen und nonverbalen emotionalen Äußerungen anderer auf.

> "Können Sie das Tanzen aus ihrer Stimme nehmen und keine Grimassen schneiden, damit Sie mich nicht von dem ablenken, was sie sagen?" (Donna Williams, Autistin, im Gespräch mit ihrem Psychotherapeuten)[8]

Bei autistischen Menschen, die über Sprache verfügen, kann man beobachten, dass die Stimmlage meist in irgendeiner Art und Weise ungewöhnlich klingt. Sie ist möglicherweise extrem flach, atonal, unangemessen hoch, singend oder unabhängig von der Syntax rhythmisch ansteigend und abfallend. Es wird vermutet, dass autistische Menschen wenig Verständnis für die zusätzliche emotionale Ausdrucksmöglichkeit der Sprache haben (vgl. 1.2 Kommunikation als Informationsaustausch). Diese zusätzlichen paraverbalen Informationen (Intonation, Stimmlage, Rhythmus, Geschwindigkeit etc.) werden von Menschen mit Autismus häufig schwer verstanden und auch nicht angemessen eingesetzt. Kastner-Koller und Deimann (2000) erwähnen eine Studie über das Verständnis autistischer Kinder für paralinguistische Bedeutungen. Nichtbehinderte, autistische und schizophrene Kinder sollten einen Satz mit neutraler Aussage ("Johnny is walking the dog.") in vier verschiedenen Ausprägungen identifizieren (traurig, ärgerlich, glücklich oder überrascht). Dabei zeigte die Gruppe autistischer Kinder gegenüber den anderen Gruppen deutliche Schwierigkeiten im Erkennen der jeweiligen Stimmung.

2.1.6 Besondere Verhaltensweisen

> "Zu sagen, dass ich Symbole nicht verstand, wäre irreführend. Andere Leute verstanden den Symbolgehalt meiner Handlungen nicht, und es gab keinen Weg, ihnen zu sagen, was sie bedeuteten. Ich entwickelte meine eigene Sprache. Alles, was ich tat, vom Zusammenlegen zweier Finger bis zum Zerbeißen meiner Zehen hatte eine Bedeutung." (Donna Williams, Autistin)[9]

Im Vergleich mit nichtautistischen Personen wurde bisher schon beschrieben, welche Unterschiede im Einsatz kommunikativer Mittel bei autistischen Menschen vorliegen. Häufig nutzt der autistische Mensch gewöhnliche Mittel weniger oder atypisch. Allerdings gibt es auch eine Reihe von Verhaltensweisen, welche zusätzlich auftreten und an sich keine kommunikativen Mittel sind. Siegel (1996) beschreibt ungewöhnliche Verhaltensweisen als Zeichen von Freude, Ärger und Angst. Beispiels-

---

[8] In: Verein zur Förderung von autistisch Behinderten e. V. (1998). "Autistische Menschen verstehen lernen II – Mit Beiträgen von Betroffenen", S. 26.

[9] In: Verein zur Förderung von autistisch Behinderten e. V. (1998). "Autistische Menschen verstehen lernen II – Mit Beiträgen von Betroffenen", S. 26.

weise rennen manche autistischen Kinder bei Aufregung oder Spannung im Raum umher, drehen sich im Kreis, wedeln mit den Armen oder sind extrem starr und angespannt. Ebenso setzen autistische Kinder Stereotypien, Autoaggressionen, Fremdaggressionen und andere auffällige Verhaltensweisen ein, um sich mitzuteilen und ihre Bedürfnisse oder ihre Unzufriedenheit zu äußern.

2.1.7 Sprachbeginn

Erste Auffälligkeiten werden von autistischen Kindern schon vorsprachlich gezeigt. Klicpera und Innerhofer (1999) erwähnen, dass sie deutlich weniger und monotoner plappern als Gleichaltrige und dass sie nur in geringem Umfang die Laute der Eltern imitieren.

Die Bildung erster Lautverbindungen und Worte setzt bei fast allen autistischen Kindern verspätet ein (Siegel, 1996). Viele Eltern berichten, dass das erste Wort ihres autistischen Kindes relativ spät, aber vollkommen korrekt gesprochen wurde. Dabei handelt es sich oft um den Namen eines Gegenstandes, eines Nahrungsmittels, o. Ä. Es fehlt der Einsatz sprachlicher Äußerungen zum Teilen der Aufmerksamkeit (z. B. um ein Ereignis zu kommentieren), welche nichtautistische Kinder ab dem neunten Monat entwickeln (vgl. 1.3 Kommunikation – Die Stufen eines Entwicklungsprozesses).

Die Erweiterung des Wortschatzes autistischer Kinder nimmt oft verhältnismäßig langsam zu, und viele autistische Kinder erscheinen trotz erworbener Sprache als "sprechfaul", d. h. sie setzen Sprache nur dann ein, wenn es wirklich notwendig ist. Z. B. nutzen sie ein "Stop", wenn eine unangenehme Sache beendet werden soll oder ein "Mehr!", wenn sie von der Lieblingsspeise nicht genug bekommen haben. Ca. 50 % aller autistischen Menschen bleiben lebenslang nichtsprechend (Light, Dimarco & Greiner, 1998). Das bedeutet, dass sie sich nicht verbal ausdrücken, teilweise mit der Ausnahme von ein oder zwei Wörtern im Jahr. Dieser fehlende aktive Einsatz der Sprache lässt allerdings nur schwer Rückschlüsse auf das Sprachverständnis zu, jedoch ist davon auszugehen, dass bei einem Großteil der nichtsprechenden autistischen Menschen zusätzlich eine geistige Beeinträchtigung vorliegt.

Weiterhin könnte eine Verlangsamung im Spracherwerb daran liegen, dass autistische Kinder eine weniger effektive Strategie benutzen. Baron-Cohen, Baldwin & Crowson (1997) unterscheiden beim Spracherwerb zwischen der SDG-Strategy (Speaker's Direction of Gaze) und der LDG-Strategy (Listener's Direction of Gaze). Die SDG-Strategy wird von nichtautistischen Kindern genutzt. Das Kind beobachtet dabei den Blick einer Bezugsperson, während diese eine Sache benennt. Im Laufe der Entwicklung und nach häufigem Wiederholen eines Begriffes erkennt das Kind den Zusammenhang zwischen einer Sache und deren Namen und lernt, den Begriff selbst zu benutzen. Im Gegensatz dazu beruht die von autistischen Kindern hauptsächlich angewendete LDG-Strategie auf dem Blick des Zuhörers, d. h. das Kind verbindet den von der Bezugsperson geäußerten Begriff mit dem Objekt, was es selbst gerade betrachtet. Auch wenn Eltern häufig Dinge benennen, die das Kind beobachtet, kommt es zu erheblichen Missverständnissen, wenn das Kind nur diese Strategie anwendet, da es dann auch einen Begriff für eine Sache annimmt, wenn die Bezugsperson und das Kind auf unterschiedliche Gegenstände blicken. Beispielsweise ist das Kind gerade mit einer Murmel beschäftigt, während die Mutter einen Hund vorbeilaufen sieht. Sagt die Mutter nun: "Schau mal, da ist ein Hund!", nimmt das Kind an, dass es sich bei diesem Begriff um einen Namen für die Murmel handelt. Als Folge entstehen Missdeutungen von Begriffen, ein geringeres gemeinsames Vokabular und die Verlangsamung in der Sprachentwicklung.

2.1.8 Sprachverlust

Bei einigen autistischen Kindern tritt nach dem Spracherwerb und vor dem Alter von zwei Jahren ein totaler oder teilweiser Verlust der Sprache auf (Siegel, 1996). Im Alter von 15 bis 20 Monaten verlieren einige Kinder ihren gesamten aktiven Wortschatz, andere scheinen beim Erlernen neuer Wörter bereits erlernte zu vergessen. Dieser Rückschritt in der Entwicklung tritt häufig gleichzeitig mit anderen Besonderheiten auf, wie beispielsweise der Abnahme des Blickkontaktes oder der Rückentwicklung bereits erworbener sozialer Verhaltensweisen. Erlernt ein autistisches Kind nach einem Sprachverlust die Sprache wieder neu, so hat diese häufig mehr typisch autistische Merkmale (Besonderheiten in der Verwendung der Sprache, Echolalie etc.) als vorher.

2.1.9 Nutzung der Sprache

Die Sprache autistischer Menschen ist laut Siegel (1996) meist eher funktional als sozial. Ähnlich wie bei dem Einsatz der Gestik wird Sprache häufiger verwendet, um eigene Bedürfnisse zu befriedigen, anstatt Befindlichkeiten auszutauschen oder Aufmerksamkeit zu teilen. Der Hauptanteil der verbalen Aussagen sind so genannte deklarative Äußerungen, also das Benennen von Wünschen und damit die Erwartung an den Kommunikationspartner diese Wünsche zu erfüllen. Das autistische Kind oder

die Person äußert den Wunsch in dem Moment, in dem dieser auftritt, unabhängig davon, ob der Wunsch oder die Aussage an die Situation angepasst ist. Autistische Kinder verzichten dabei auch oft auf Formen der Höflichkeit oder das Bilden vollständiger Sätze. Beispielsweise äußert ein Kind nur "Tee haben", obwohl es über einen ausreichenden Wortschatz verfügt und einen vollständigen Satz bilden könnte.
Neben dem Äußern von Sätzen und Wörtern in funktionalen Zusammenhängen gibt es beim Autismus noch die sogenannte "Idiosynkratische Wortverwendung". Dies bedeutet, dass ein Wort oder ein Satz aus besonderer Faszination häufig gesagt wird. Siegel (1996, S. 57) berichtet von einem Jungen, welcher ständig sagte: "Soon I will die and go to heaven!" Nach langem Überlegen erkannten die Eltern, dass dies ein Satz aus einem seiner Lieblingsfilme war und er ihn offensichtlich nur aus Faszination ständig wiederholte, ohne sich der Bedeutung bewusst zu sein. Es ist zudem auch möglich, dass ein idiosynkratisches Wort in einem sonst völlig korrekten und der Situation angepassten Satz auftritt.
Weitere Auffälligkeiten sind das schwerpunktmäßige Verwenden von Substantiven, erhebliche Schwierigkeiten im Beschreiben von Gegenständen und Situationen, der Einsatz von Wortneubildungen (Neologismen), das Monologisieren bei höherem Sprachniveau und exzessives Fragen bei bereits bekannter Antwort (Klicpera & Innerhofer, 1999).

2.1.10 Echolalie

> "Mit ungefähr 10 Jahren hatte ich angefangen, hin und wieder Bruchstücke direkt mit Bedeutung zu hören. Ich verfiel auf die Strategie, mir die Sätze der Leute ... vorzusagen. ... Ich versuchte immer, mir vorzustellen, was ich gemeint hätte, wenn ich jene Worte aus meinen eigenen Gedanken abgeleitet hätte." (Donna Williams, Autistin)[10]

Bei vielen autistischen Menschen zählen echolalische Äußerungen zu den Hauptauffälligkeiten. Siegel (1996) unterscheidet hierbei die unmittelbare ("Immediate Echolalia") und die verzögerte Echolalie ("Delayed Echolalia").
Die unmittelbare Echolalie ist ein sofortiges vollständiges oder teilweises Wiederholen von Äußerungen des Gegenübers. Fragt beispielsweise eine Mutter ihr autistisches Kind: "Möchtest du noch etwas Tee trinken?", so sagt das Kind "etwas Tee trinken". Die Aussage des Kindes könnte in diesem Falle die Funktion einer Antwort haben, oder sie weist darauf hin, dass das Gehörte bei dem Kind angekommen ist und

[10] In: Verein zur Förderung von autistisch Behinderten e. V. (1998). „Autistische Menschen verstehen lernen II – Mit Beiträgen von Betroffenen", S. 26.

dieses versucht, das Aufgenommene zu dekodieren. Das vieldiskutierte Phänomen des vertauschten Personalpronomens (also das Bezeichnen der eigenen Person in der zweiten oder dritten Person) ist möglicherweise auch auf unmittelbare Echolalie zurückzuführen. Im oben aufgeführten Beispiel könnte das Kind auch mit "du Tee trinken" reagieren.

Die verzögerte Echolalie tritt meist erst später in der Entwicklung autistischer Kinder auf. Es werden dann Sätze, Satzteile oder Wörter wiederholt, die an irgendeinem Punkt in der Vergangenheit aufgenommen wurden. Bei der verzögerten Echolalie wird wiederum zwischen funktional und nichtfunktional unterschieden. Die funktionale verzögerte Echolalie hat eine klare Bedeutung. So wird ein Satz, der in einem Zusammenhang aufgenommen wurde, übergeneralisiert und mit der gleichen Bedeutung in anderen Situationen benutzt. Siegel (1996) führt dazu ein klassisches Beispiel von Leo Kanner an: Ein autistischer Junge erkennt zum ersten Mal die Bedeutung des Wortes "nein", als seine Mutter ihn bei dem Versuch erwischt, den Hund vom Balkon zu werfen. Sie sagt: "No, don't throw the dog off the balcony!" Der Junge setzt seitdem diesen Satz ein, wenn er eine Frage mit "nein" beantworten will.

Nichtfunktionale Echolalie hat im Gegensatz dazu keine kommunikative Funktion. Ein Satz oder ein Wort, dessen Bedeutung nicht unbedingt verstanden sein muss, wird ständig und in verschiedenen Situationen und Zusammenhängen geäußert. Häufig wiederholen autistische Kinder echolalisch Sätze aus Werbespots oder Trickfilmen, welche sie selbst oft gehört haben. Erstaunlicherweise geben autistische Kinder solche Sätze dann auch in der Betonung und Prosodie wieder, obwohl sie selbst diese paraverbalen Mittel nicht angemessen nutzen. Daraus lässt sich schließen, dass sie den gehörten Satz als Ganzes aufnehmen und die sachliche Bedeutung nicht von der zusätzlichen emotionalen Bedeutung trennen, weder in der Aufnahme noch in der Bearbeitung oder der echolalischen Wiedergabe.

2.1.11 Fähigkeiten zur Konversation

Viele sprechende autistische Menschen erwerben mit der Erweiterung von Vokabular und Syntax auch die Fähigkeit zur Konversation. Doch auch hier gibt es fast immer Auffälligkeiten in verschiedenem Ausmaß (Siegel, 1996). Ähnlich wie eine Vorliebe für bestimmte stereotype Verhaltensweisen bei autistischen Kindern, gibt es bei sprechenden autistischen Jugendlichen und Erwachsenen häufig ein oder mehrere spezielle Interessengebiete. Meist handelt es sich dabei um Gebiete in der Technik wie z. B. Eisenbahnen. Beinhaltet ein Gespräch mit anderen Personen das Spezialthema der

autistischen Person, so nimmt sie aktiv am Gespräch teil. Allerdings fehlt es oft an verschiedenen Gesprächstechniken, wie z. B. das Verständnis für das "turn-taking" im Gespräch (das abwechselnde Reden der Gesprächspartner), das Erkennen bestimmter kommunikativer Signale (Interesse des Partners, Wunsch nach Beginnen oder Beenden eines Gespräches etc.), die Entscheidung, ob ein formeller oder informeller Sprachstil angemessen ist, das Beachten und Abklären des notwendigen Hintergrundwissens beim Gegenüber oder der Einsatz des Blickkontaktes.
Wird eine autistische Person auf Themen angesprochen, die von den Spezialinteressen abweichen, so reagiert sie meist nur kurz oder versucht auf das Spezialthema zu lenken.
Selbst wenn das Vokabular eines autistischen Menschen dem eines gleichaltrigen nichtautistischen Menschen entspricht, setzt die autistische Person einen deutlich geringeren Teil davon zur aktiven Konversation ein.

Zusammenfassend lässt sich feststellen, dass autistische Menschen eine Vielzahl an Besonderheiten sowohl in der verbalen und als auch in der nonverbalen Kommunikation zeigen. Aussagen und Mitteilungen sind häufig atypisch und somit für den Kommunikationspartner schwer verständlich. Zudem wird oft die kommunikative Funktion von Verhaltensweisen und Äußerungen nicht erkannt. Inhaltlich bilden Wünsche und Bedürfnisse den Hauptbestandteil der Kommunikation. Emotionale und soziale Mitteilungen werden wenig geäußert. Die Kommunikationsstörung bezieht sich nicht nur auf das Senden von Informationen, sondern auch auf das Empfangen der Mitteilungen vom Gegenüber.

Es bleibt zu erwähnen, dass die Störung der Kommunikation zwischen autistischen und nichtautistischen Menschen nicht nur durch die besondere Verwendung kommunikativer Mittel durch die autistische Person entsteht, sondern auch durch das Verhalten des nichtautistischen Gegenübers.
Erleben wir nichtautistischen Menschen das Verhalten des autistischen Menschen als ungewöhnlich, so erlebt wiederum die autistische Person unser (kommunikatives) Verhalten als ungewöhnlich. Es gibt wenige Übereinstimmungen im Einsatz kommunikativer Mittel und in den Funktionen, welche Kommunikation erfüllen soll. Gesendete Informationen können vom Gegenüber missverstanden oder gar nicht verstanden werden, demzufolge entspricht auch die Reaktion nicht der Erwartung des Senders.

Es kommt zu einer Störung in der Kommunikation, welche ihre Ursachen bei beiden Kommunikationspartnern hat.
Bezugspersonen autistischer Kinder erleben durch die Beeinträchtigung der Kommunikation große Verunsicherung und Enttäuschungen. Sie erleben, dass ihre bisher erfolgreichen kommunikativen Verhaltensweisen bei dem autistischen Kind nicht ebenso erfolgreich anwendbar sind. Eine Änderung des Verhaltens ist die Folge. Welche Interventionen möglicherweise zur Verbesserung der Kommunikation beitragen, wird unter 2.3 besprochen. Häufig treten jedoch auch Verhaltensänderungen ein, die die gemeinsame Kommunikation noch weiter beeinträchtigen.
Hettinger (1996) weist darauf hin, dass Eltern häufig Schwierigkeiten haben, die Äußerungen ihres autistischen Kindes zu verstehen. Das Kind reagiert bei z. B. Aufregung und Unruhe nicht wie zu erwarten positiv auf Streicheln oder Zureden. Die Bezugspersonen erkennen, dass soziale Interaktion scheinbar für das Kind nicht als angenehm empfunden wird, und dass sie selbst vom Kind eher als Instrument für das Befriedigen von Interessen benutzt werden. Zudem ist es für die Bezugspersonen viel schwieriger, befriedigende verbale und nonverbale Dialoge mit ihrem Kind zu initiieren und aufrechtzuerhalten. Es ergibt sich dadurch häufig auch bei den Bezugspersonen eine Abnahme der Motivation, kommunikative Verhaltensweisen anzuwenden und weiterzuentwickeln. Als Folge entstehen eher "direktive" Kommunikationsstrukturen, d. h. sowohl die Bezugsperson als auch das Kind formulieren Äußerungen und Wünsche, aber es kommt weniger zu einem Dialog.
Bernard-Opitz, Chen, Kok & Sriram (2000) weisen in einer Studie Unterschiede im Verhalten der Eltern und eines Therapeuten gegenüber autistischen Kindern nach. Eltern zeigen demnach eine klare Präferenz für Anweisungen und Anforderungen an das Kind gegenüber positiven Aussagen und Antworten. Besonders auffällig ist dieses Verhalten der Eltern bei nichtverbalen Kindern. Es wird offensichtlich, dass der Aufbau einer Konversation im Sinne eines Informationsaustausches nicht nur von Seiten des autistischen Menschen, sondern auch von seiner nichtautistischen Bezugsperson beeinträchtigt wird.

2.2 Mögliche Ursachen der Kommunikationsstörung bei Autismus

Seit Kanner 1943 erstmals das Störungsbild "Autismus" beschrieb, gab es zahlreiche Untersuchungen und Studien, die sich sowohl der Erforschung und Beobachtung der einzelnen Symptome als auch der Suche nach möglichen Ursachen widmeten. Nunmehr sind sich die Forscher darüber einig, dass es sich mit großer Wahrscheinlichkeit um neuropsychologische Fehlentwicklungen handelt, denen vermutlich eine genetische Prädisposition zu Grunde liegt und die durch eine Anzahl von Faktoren in Aktion treten können. Dennoch gibt es eine Vielzahl an Theorien, welche versuchen die Auswirkungen dieser Fehlentwicklungen zu erklären. Seit einigen Jahren gibt es auch vermehrt Veröffentlichungen von Menschen mit Autismus, die versuchen ihren nichtautistischen Mitmenschen ihre besonderen Verhaltensweisen zu erklären und mögliche Ursachen dafür zu beschreiben. Neben zwei von Wissenschaftlern aufgestellten Theorien möchte ich die Ideen der zwei autistischen Experten Donna Williams und Dietmar Zöller vorstellen. Die jeweiligen Theorien werden erst allgemein und dann im Zusammenhang mit der Kommunikationsstörung beim Autismus beschrieben.

2.2.1 Handlungsstörungen

Nach seinen beiden autobiografischen Werken "Wenn ich mit euch reden könnte" (1989) und "Ich gebe nicht auf" (1992) hat der Autist Dietmar Zöller 2001 erstmals ein Fachbuch zum Thema Autismus veröffentlicht. In "Autismus und Körpersprache" beschreibt er autistische Symptome und seine Vorstellungen über deren Ursachen und Zusammenhänge. Zöller (2001) geht davon aus, dass durch eine Verlangsamung neurologischer Aktivitäten das Planen und Ausführen von Handlungen stark beeinträchtigt wird, d. h. dass eine Handlung, von deren Ablauf er genaue Vorstellungen hat, von seinem Körper nicht oder stark verzögert ausgeführt wird. Beispielsweise möchte er eine Tür öffnen, jedoch kommen die Befehle bei den Extremitäten nicht an und diese bewegen sich nicht oder nicht wie gewünscht. Jede nichtautomatisierte Handlung benötigt für ihre Durchführung größte Anstrengung und Konzentration. Und selbst dann wird sie nicht immer erfolgreich durchgeführt, weil z. B. ein anderer Reiz von dem eigentlichen Vorhaben ablenkt. Als Ablenkung beschreibt Zöller auch das Beobachten der eigenen Bewegungen. Diese visuellen Reize können ihn so stark irritieren, dass er nicht in der Lage ist, die begonnene Handlung fortzusetzen. Es wird verständlich, dass eine Handlung, die aus einer Vielzahl von Teilhandlungen besteht, entweder sehr lange dauert oder zwischendurch abgebrochen werden kann. Zöller geht davon aus, dass der autistische Mensch nur sehr wenig Kontrolle über seinen Körper hat, dass der Körper Handlungen durchführt, die nicht so beabsichtigt waren, und dass er gewollte Handlungen nicht umsetzen kann.

Mit dieser Handlungsstörung können viele Symptome des Autismus geklärt werden. Eine Vorliebe für Stereotypien liegt dann vielleicht daran, dass diese entweder automatisierte Handlungen und somit leicht abrufbar sind, oder dass es sich hierbei um unkontrollierte und schwer beeinflussbare Bewegungen handelt. Soziale Kontaktschwierigkeiten liegen an fehlenden Möglichkeiten, den sozialen Anforderungen des Gegenübers zu begegnen. Blickkontakt herzustellen und die Hand zur Begrüßung zu geben, sind Handlungen, die (wenn nicht automatisiert) viel Kraft kosten und deren Durchführung durch die Bewegungen, die ständige Veränderung der Mimik und Stimmlage des Gegenübers stark abgelenkt werden. Die Handlungsstörungen beeinflussen das gesamte Verhalten und somit auch kommunikative Möglichkeiten. Das Produzieren von Gesten und Sprache ist ebenso schwer steuerbar wie das Durchführen von Tätigkeiten, obwohl die Absicht bewusst ist und der Ablauf der dafür notwendigen Bewegungen theoretisch deutlich vorstellbar. Zöller schreibt:

> "Ich schaffte die Nachahmung von Lauten, Wörtern und Sätzen so schlecht, weil ich den Bewegungsverlauf mühsam suchen mußte, bevor das Gewünschte herauskam. Ich muß ja immer noch überlegen, was ich mit meinem Mund und mit der Zunge tun muß, damit ich einen Laut willkürlich produziere."
> (Zöller, 2001, S. 155)

Zöller spricht nur mit seiner Mutter und auch dann nur unter größter Anstrengung. Er schreibt seit einigen Jahren handschriftlich mit der physischen Stütze durch seine Mutter.

Auch wenn die Theorie der Handlungsstörungen viele Verhaltensweisen autistischer Menschen erklären kann, so bleiben doch einige Aspekte offen, beispielsweise der Umgang mit Emotionalität. Wie schon beschrieben, haben autistische Personen große Schwierigkeiten, Emotionen zu zeigen und die emotionalen Ausdrücke anderer zu verstehen. Sprechende und schreibende Autisten haben sich schon vielfach zum Thema Emotionalität geäußert. Temple Grandin sagt dazu: "Der emotionale Strom ist nicht angeschlossen – das ist es, was nicht stimmt." (Sacks, 1995, S. 360) Die Tatsache, dass einige autistische Menschen wie beispielsweise Temple Grandin emotionale Botschaften nicht ausdrücken können, aber dennoch über hochwissenschaftliche Themen diskutieren können, weist darauf hin, dass gerade Besonderheiten des kommunikativen Verhaltens nicht nur über die Theorie der Handlungsstörungen geklärt werden können.

2.2.2 Störung der Sensorischen Tätigkeit und Integration

Ebenso wie Dietmar Zöller hat sich auch die Autistin Donna Williams intensiv mit den Symptomen, den möglichen Ursachen und Förderungsansätzen des Autismus beschäftigt. Nach ihren autobiografischen Romanen "Nobody nowhere" ("Ich könnte

verschwinden, wenn du mich berührst", 1992) und "Somebody somewhere“ ("Wenn du mich liebst, bleibst du mir fern", 1994) hat sie im Jahre 1996 das Buch "Autism - an Inside–Out Approach" veröffentlicht. In diesem Buch gibt sie einen Überblick über die verschiedenen Gesichter, die der Autismus haben kann, und sie versucht, nichtautistischen Menschen das Verständnis für Menschen mit Autismus und somit die Arbeit mit ihnen zu erleichtern. Williams (1996) nennt eine Vielzahl an möglichen Faktoren, die Autismus verursachen bzw. beeinflussen. Ihre Hauptannahme ist, dass es sich um Besonderheiten in der Arbeit der einzelnen Sinne handelt. Dabei kann sowohl die Tätigkeit eines einzelnen Sinnes als auch die Integration mehrerer Sinne gestört sein. Dazu gehört die Aufnahme von Reizen und Informationen, das Planen und Ausführen eigener Reaktionen und Handlungen und die Kontrolle des Selbst. Williams (1996) glaubt, dass autistische Menschen zeitweise nur "mono" agieren und reagieren. Das bedeutet, dass nur ein Sinneskanal zuverlässige Informationen aufnimmt. Beispielsweise sieht und beobachtet die Person alles, was in ihrer Umgebung vor sich geht, hört aber nicht die Person, die hinter ihr steht und sie ruft. Wird sie von der anderen Person berührt, so wird entweder die Berührung nicht bewusst gespürt bzw. als solche erkannt, das Sehen lässt nach oder das gesamte System ist überfordert und es kommt zum "System shutdown".
Die "eingleisige" Aufmerksamkeit wirkt sich auch auf das Körpergefühl aus. Die autistische Person hat demnach kaum eine Vorstellung von ihrer Mimik, während sie spricht, da die Hauptaufmerksamkeit auf dem Sprechen liegt.
Es ist vorstellbar, dass sich durch die mangelnde Rückkopplung und Kontrolle der eigenen Aktivitäten, Handlungen verzögern und ungewöhnlich erscheinen. Auch Kommunikation und Interaktion mit anderen sind stark beeinflusst, da während eines Gespräches nur ein Teil der Informationen aufgenommen werden kann. Es werden also beispielsweise nur die verbalen Informationen verstanden, die ein Gegenüber gibt, nicht aber die nonverbalen, oder es kann nur dem eigenen Körper Aufmerksamkeit geschenkt werden und nicht dem Gegenüber, oder ein Reiz im Raum ist so stark, dass die andere Person nicht beachtet werden kann und auch der eigene Körper außer Kontrolle gerät. Williams (1996) weist darauf hin, dass die "mono"–Einstellung oder der vollkommene "System shutdown" zeitweise Erscheinungen sind, aber dass es dennoch fast ständig Probleme in der Arbeit und Integration der Sinne gibt.
Es besteht ein ständiger Wechsel zwischen Über- und Untersensibilität. Williams sagt, es ist, "... wie eine Wippe. Wenn ich oben oder unten bin, kann ich kein ganzes Leben sehen. Wenn ich beim Wippen durch die Mitte komme, bekomme ich einen

flüchtigen Eindruck von dem Leben, das ich führen würde, wenn ich nicht autistisch wäre ..."[11]

Die Erklärung der Besonderheiten autistischer Menschen durch die Störungen der Sinnestätigkeiten und der sensorischen Integration erscheint mir plausibel und bietet uns nichtautistischen Menschen die Möglichkeit, ein Verständnis für bestimmte Verhaltensweisen aufzubauen und unseren Umgang damit zu verändern. Dennoch bleiben auch mit dieser Theorie Teilbereiche unerklärt, beispielsweise die Tatsache, dass autistische Menschen Handlungen teilweise mit physischer oder verbaler Unterstützung sehr gut ausführen können (was wiederum ein Beleg für Handlungsstörungen wäre). Geht man von einer grundlegenden Störung der sensorischen Aktivitäten aus, so wäre zu erwarten, dass der physische Kontakt oder der verbale Hinweis als zusätzliche Reize eher von der geplanten Handlung ablenken würden, als sie zu unterstützen.

2.2.3 Theory-of-Mind

Schon seit ca. zwanzig Jahren gibt es Forschung im Gebiet der Theory-of-Mind. Simon Baron-Cohen ist ein Vertreter dieser Theorie, der in diesem Zusammenhang nicht unerwähnt bleiben darf. In dem von ihm und seinen Kollegen Tager-Flusberg & Cohen herausgegebenen Buch "Understanding other minds" (2000) werden sowohl der Begriff der Theory-of-Mind als auch Zusammenhänge autistischer Symptome mit einer Störung der Theory-of-Mind geklärt.

Es ist schwierig für Theory-of-Mind eine passende Übersetzung zu finden, da es einen gleichbedeutenden Begriff für "mind" im Deutschen nicht gibt. Er kann je nach Zusammenhang sowohl für "Sinn", "Gemüt", "Geist", "Verstand" als auch für "Neigung" oder "Gedächtnis" gebraucht werden. In unserem Zusammenhang könnte es mit "mentalen Leistungen" übersetzt werden, da es gedankliche Vorgänge wie Glauben, Wünschen, Intentionen, Vorstellungen, Emotionen einschließt. Der Mensch ist zu diesen Leistungen fähig und zudem in der Lage, sich in andere Personen hineinzuversetzen und Vermutungen über deren Gedankenwelt anzustellen.

Baron-Cohen (2000) geht davon aus, dass bei Menschen mit Autismus eine Störung der Theory-of-Mind vorliegt. Dies bedeutet, dass sie sich nur schwer Vorstellungen von den Gedanken und Intentionen anderer machen können. Sie haben Probleme, Gründe für bestimmtes Verhalten zu vermuten (z. B. warum eine Person abrupt im

[11] In: Verein zur Förderung von autistisch Behinderten e. V. (1998). „Autistische Menschen verstehen lernen II – Mit Beiträgen von Betroffenen“, S. 1.

Gehen stoppt und zurückläuft), zu spekulieren, was der andere denkt (z. B. warum er das autistische Kind in seinen Lieblingstätigkeiten unterbricht) oder Zusammenhänge zwischen Situationen und Reaktionen bestimmter Personen zu erkennen (z. B. warum ein Kind weint, nachdem es sich gestoßen hat). In einem Versuch wird autistischen Kindern und nichtbehinderten Kindern ein Bild mit zwei Mädchen gezeigt, die an einer Kiste stehen. Ein Mädchen schaut in die Kiste hinein, das andere berührt die Kiste mit einer Hand und schaut in eine andere Richtung. Werden nichtbehinderte Kinder gefragt, welches dieser Mädchen weiß, was sich in der Box befindet, so wissen sie, dass es sich dabei um das Mädchen handelt, welches in die Box schaut. Autistische Kinder dagegen haben als Antwort ebenso häufig das eine wie das andere Mädchen benannt.

Die Auffälligkeiten zeigen sich auch im Verhalten der autistischen Kinder selbst, z. B. in mangelnder Imagination, wenig So-tun-als-ob-Spiel und in der Kommunikation. Autistische Kinder äußern sich verhältnismäßig wenig über eigene mentale Zustände, also Gedanken, Intentionen, Vermutungen etc. Sie können nicht bewusst lügen, da ihnen nicht bewusst ist, dass ihr Gegenüber die richtige Antwort nicht weiß. Andererseits erscheinen manche Aussagen als Lügen, da das autistische Kind ursprüngliche Intentionen nicht von tatsächlichen Handlungen unterscheiden kann. Wollte ein Kind beispielsweise unbedingt mit einer roten Farbe malen, malt dann aber doch mit blau, so wird es im Nachhinein sicher behaupten, dass es von Anfang an mit blau malen wollte.

Das fehlende Verständnis für mentale Zusammenhänge belegt auch das fehlende Verständnis für Metaphern, Ironie und Humor. Die autistische Person kann zwar hören, was zu ihr gesagt wird, versteht aber nicht die dazugehörigen Intentionen des Gegenübers, die dieser beispielsweise durch zusätzliche Mimik oder starke Intonation vermittelt. Es wird deutlich, warum autistische Menschen hauptsächlich instrumental und imperativ kommunizieren, aber wenig deklarativ und deskriptiv (Tager-Flusberg, 2000). Das Hauptinteresse liegt in tatsächlichen Aktionen, die den autistischen Menschen selbst betreffen.

Trotz der Vielzahl an erklärbaren Symptomen des Autismus bleibt bei der Theory-of-Mind offen, warum autistische Kinder häufig sehr stereotyp spielen, warum sie extreme Bewegungen lieben und warum sie in vielen Situationen autoaggressiv reagieren, um nur einige Beispiele zu nennen.

2.2.4 Störung des intuitiven Vorverständnisses

In ihrem Buch "Die Welt des frühkindlichen Autismus" (1999) stellen Klicpera und Innerhofer folgende These auf:

> "Die Störung des frühkindlichen Autismus liegt primär in einer Störung des intuitiven Vorverständnisses. Wir nehmen an, dass diesen Kindern dieses Verständnis nicht in gleichem Umfang verfügbar ist wie anderen, normalen wie retardierten. Da das intuitive Vorverständnis der Ausbildung logischer Schemata, der Sprache und auch der Ausbildung sozialer Gefühle zugrunde liegt, manifestiert sich die Störung in diesen Bereichen." (Klicpera & Innerhofer, 1999, S. 217)

Innerhofer hat 1992 die Alinguismustheorie aufgestellt, welche davon ausgeht, dass jeder Mensch neben dem sprachlichen Verständnis auch noch über ein "außersprachliches" Vorverständnis verfügt. Dies nutzt der Mensch, um aus Einzelinformationen ein Ganzes herstellen zu können. Dazu zählt auch, dass wir klare Vorstellungen von Begriffen haben, welche konkreter sind, als wir sie je sprachlich einem anderen, der diesen Begriff nicht kennt, beschreiben können. Ebenso können wir Handlungen durchführen, die kein anderer ebenso durchführen könnte, auch wenn wir ihm noch so detailliert beschreiben, wie wir es tun. Der Mensch ist fähig, fehlende Informationen intuitiv zu ergänzen, er kann in bestimmten Situationen agieren ohne diese zu kennen. Klicpera und Innerhofer (1999) führen ein Beispiel einer Mutter an, die zu einem Therapeuten geht, um ihm das Leiden ihres Kindes zu schildern. Obwohl sie noch nie vorher bei einem Therapeuten gewesen ist, hat sie eine klare Vorstellung von dieser Situation, ohne dies je gelernt zu haben. Innerhofer geht davon aus, dass jede "... Handlung, als Erkenntnisobjekt ... eingebettet [ist] in ein intuitives Vorverständnis, das den Handelnden leitet und das er reflektierend, planend usw. mit sprachlichen Mitteln vertiefen, präzisieren, sich in sprachlicher Weise bewusst machen kann und auf das er – zur bewussten Orientierung – zurückgreifen kann." (Klicpera & Innerhofer, 1999, S. 210)

Zu den Funktionen des intuitiven Vorverständnisses gehört das Erkennen und Verstehen von Ganzheiten, von Zusammenhängen zwischen einem Motiv, einem Ziel und einem Weg, von Hintergründen eines sprachlichen Ausdrucks, wie z. B. "Sie ist schön wie die Nacht", von Handlungsspielräumen und Handlungsmotiven, von Redesituationen und deren Hintergründen, sowie von Genii literarum, wie z. B. Witzen.

Mit einer Störung des intuitiven Vorverständnisses lassen sich zahlreiche Verhaltensweisen autistischer Menschen erklären. Z. B. könnte das Festhalten an Routinen darauf zurückzuführen sein, dass die autistische Person in einer neuen oder veränderten Umgebung bisher Gelerntes nicht anwenden kann oder eine ihr bekannte Person nicht

wiedererkennt, wenn diese sich die Haare abgeschnitten hat, aber gerade die Haare das für den autistischen Menschen wichtige Merkmal an der Person waren (da der autistische Mensch ja Schwierigkeiten beim Erfassen von Ganzheiten hat). Für das Sprachverständnis autistischer Menschen erscheint einleuchtend, dass sie Probleme mit Metaphern haben, wenn ihnen die Fähigkeit zum intuitiven Vorverständnis fehlt. Weitere soziale und kommunikative Schwierigkeiten ergeben sich daraus, dass die autistische Person nur dann die Umstände einer Situation verstehen kann, wenn alle dazu notwendigen Informationen deutlich sind und nicht vom Gegenüber auf bereits zurückliegende Begebenheiten verwiesen wird oder Teilinformationen von verschiedenen Personen zusammengesetzt werden müssen. Es ist verständlich, dass es einem Menschen ohne intuitives Vorverständnis schwer fällt, Dinge nicht nur zu lernen, sondern auch zu verstehen und zu abstrahieren.
Trotz der Klärung einiger Symptome autistischer Menschen bleiben bei dieser Theorie auch noch Fragen offen, z. B. bezüglich Inselbegabungen, Stereotypien und Autoaggressionen. Auch kommunikative Besonderheiten wie Echolalie, Sprachverlust und der geringe Einsatz von Blick, Gesten und Sprache sind nicht vollkommen zu klären. Gerade die letztgenannten Mittel könnten ja für die autistische Person Möglichkeiten der Kompensation sein, mit deren Hilfe sie fehlende Hintergrundinformationen einfordern und Missverstehen bekunden kann.

Abschließend lässt sich sagen, dass keine der oben genannten Theorien das gesamte Störungsbild des Autismus klären kann. Trotzdem ist davon auszugehen, dass die beschriebenen Teilsymptome durchaus Folgen der genannten Störungen sein können, diese aber wiederum in keinem Fall als einzige Erklärung für die Entstehung autistischer Störungen stehen können.
Trotz aller offenen Fragen können uns die oben genannten Theorien meiner Ansicht nach helfen, das Verhalten autistischer Menschen besser zu verstehen und damit umzugehen.

3 Möglichkeiten der Verbesserung der Kommunikation zwischen autistischen und nichtautistischen Personen

"My philosophy is that it is not everyone,
who is a good mountain climber,
but that with the right coaching
everyone is capable of taking a few steps more
then they might if not challenged or not expected to do so."
(Donna Williams, 1996, S. viii)[12]

Im vorangegangenen Kapitel konnte aufgezeigt werden, welche kommunikativen Besonderheiten bei autistischen Menschen vorliegen können und welche möglichen Erklärungsansätze es gibt. Zudem wurde darauf hingewiesen, dass die Kommunikationsstörung nicht nur durch das kommunikative Verhalten des autistischen Menschen, sondern auch durch das des nichtautistischen Gegenübers verursacht wird. Daraus resultiert, dass zur Verbesserung der Kommunikation Veränderungen bei dem autistischen und dem nichtautistischen Partner beitragen können.

Dieses Kapitel beinhaltet folgende Themen zur Förderung der Kommunikation:

- Hinweise für den Umgang mit autistischen Menschen
- Sprachförderung bei autistischen Kindern
- Einsatz von Gebärden in der Kommunikation
- Kommunikation mit Bildsymbolen
- Facilitated Communication (FC)

Auch wenn die meisten der nachfolgenden Maßnahmen von nichtautistischen Personen initiiert werden, so besteht das Hauptziel doch in der Anbahnung von Kommunikation, welche von dem autistischen Menschen ausgeht. Was Heidemarie Adam (1996) für die Kommunikationsförderung von Kindern mit geistiger Behinderung feststellt, gilt auch für diesen Zusammenhang:

> "Das Kind [und natürlich auch der Jugendliche und der Erwachsene] soll also gerade nicht darauf angewiesen bleiben, dass andere die richtigen Fragen stellen. Es soll selbst aktiv werden und selbst etwas bewirken können. Mit Hilfe seiner kommunikativen Fähigkeiten soll es [und er] lernen, seine Umwelt zu einem gewissen Grade zu kontrollieren." (H. Adam, 1996, S. 31)

[12] Übersetzung im Anhang.

3.1 Hinweise für den Umgang mit autistischen Menschen

> "Nur wenn es gelingt, in sehr vielen Bereichen zwischen der unbehinderten und der behinderten Welt einen gemeinsamen Rhythmus zu finden, steht niemand mehr auf dem Wartegleis." (Angelika Empt, Autistin)[13]

Es wurde bereits darauf hingewiesen, dass zunehmend autistische Menschen selbst über ihre Besonderheiten berichten. Neben der Beschreibung der eigenen Symptomatik und möglichen Erklärungsansätzen geben sie uns nichtautistischen Menschen Hinweise, wie wir besser mit ihnen und anderen autistischen Personen umgehen und kommunizieren können.

Donna Williams (1996) ist eine der autistischen Expertinnen, die aus eigenen Erfahrungen und im Kontakt zu anderen autistischen Menschen eine Vielzahl an Hinweisen für nichtautistische Personen zusammengestellt hat, welche die Kommunikation erheblich verbessern können:

- Hintergrundgeräusche ausschalten
- Reduzieren unnötiger verbaler Intonation
- Lautstärke beim Sprechen anpassen (eher etwas leiser sprechen)
- Reduzieren unnötiger visueller und taktiler Reize (z. B. künstliches Licht ausschalten, wenn das Tageslicht ausreicht)
- Minimieren von Gestik und Mimik
- Verzichten auf unnötige zusätzliche und spontane Bewegungen
- langsamer reden und handeln
- Pausen lassen, in denen kaum Reize gegeben werden
- konkret aussagen, was gemeint ist
- beachten, dass Dinge gut gesehen oder gehört werden können
- klare Aussagen und Intentionen vermitteln
- Beginn und Ende von Aktionen (z. B. Gesprächen) deutlich machen

Weitere Hinweise gab Dr. Nicosia Nieß (Mutter einer autistischen Tochter) auf der Bundestagung des Vereins "Hilfe für das autistische Kind" 1998 in Magdeburg:

- "... Wir heben Schlüsselwörter hervor.
- Wir geben genaue detaillierte Anweisungen ('Trage die rote Tasse in die Küche und stelle sie auf die Arbeitsfläche' statt 'trage die Tasse raus')

[13] In: Verein zur Förderung von autistisch Behinderten e. V. (1998). "Autistische Menschen verstehen lernen II – Mit Beiträgen von Betroffenen", S. 26.

- Wir loben und verstärken jeden kleinen Fortschritt, nicht das Ergebnis zählt, sondern erst einmal die Bemühung!
- Wir nutzen die Rituale des Tages (Mahlzeiten, zu Bett gehen), aber auch die moderne Technik (selbst besprochene Kassetten) für Wiederholung und Festigung [...]
- Wir berücksichtigen bei der Auswahl von Themen und Medien die Vorlieben und Stärken unseres Kindes [...]
- Wir nutzen die Vorteile von Schrift: Schrift gibt zuverlässig immer die gleiche Information, ohne durch Tonfall, Lautstärke, Dialekt, Störgeräusche oder Emotion zu verwirren. Schrift lässt den autistischen Menschen in seinem eigenen Tempo.
- Wir achten darauf, dass wir positive Anweisungen geben. ..." (Nieß, 1998, S. 202)

Wichtig für alle Bezugspersonen ist, sich von so genannten "normalen" Erwartungen und Ansprüchen an das autistische Kind, die autistische Person, zu verabschieden und zu versuchen, die Person mit ihrer Besonderheit anzunehmen und von ihr zu lernen.

Der Wunsch nach Akzeptanz autistischer Persönlichkeiten kann nicht besser beschrieben werden, als in dem Artikel "Don't mourn for us" von dem Autisten Jim Sinclair (1993)[14]:

> "Look at it again: You try to relate as a parent to child, using your own understanding of normal children, your own feelings about parenthood, your own experiences and intuitions about relationships. And the child doesn't respond in any way you can recognize as being part of that system.
> That doesn't mean the child is incapable of relating at all. It only means you're assuming a shared system, a shared understanding of signals and meanings, that the child in fact does not share. It's as if you tried to have an intimate conversation with someone who has no comprehension of your language. [...]
> It takes more to communicate with someone whose native language isn't the same as yours. And autism goes deeper than language and culture; autistic people are foreigners in any society. You're going to give up your assumptions and shared meanings. You're going to have to learn to back up to levels more basic than you've probably thought about before, to translate, and to check to make sure your translations are understood. You're going to have to give up the certainty that comes of being on your own familiar territory, of knowing you're in charge, and let your child teach you a little of her language, guide you a little way into his world."

[14] Übersetzung im Anhang.

3.2 Sprachförderung bei autistischen Kindern

Fast alle autistischen Kinder zeigen Auffälligkeiten in der Sprachentwicklung. Wenn ein Kind gar nicht spricht, wenig spricht oder unverständlich spricht, ist die Förderung der Sprache eine nahe liegende Aufgabe. Häufig entspricht dies auch dem zentralen Wunsch der Eltern. "Ich möchte doch nur, dass er 'Papa' sagt", äußerte der Vater eines autistischen nichtsprechenden Sohnes in einem Gespräch.

Der Aufbau oder die Verbesserung der Sprache wird häufig zuerst in Betracht gezogen, ehe man auf alternative Kommunikationsmethoden ausweicht, denn die gesprochene Sprache ist das Medium der Kommunikation, welches Gleichaltrige benutzen und welches dem Menschen ermöglicht, mit allen Personen zu kommunizieren (im Gegensatz zu Gebärden beispielsweise). Klicpera und Innerhofer (1999) beschreiben zwei Sprachförderungsprogramme, das klassisch verhaltenstherapeutische und das psycholinguistisch orientierte Förderprogramm.

Das klassisch verhaltenstherapeutische Programm setzt sich aus konkreten Teilschritten zusammen. Zu Beginn wird die Aufmerksamkeit geschult, danach nonverbales Imitationsverhalten, später verbales Imitationsverhalten und schließlich der Aufbau kommunikativer Sprachverwendung. Gearbeitet wird mit verhaltenstherapeutischen Techniken, wie beispielsweise Verstärkung durch Belohnung. Die Förderung findet in festen Settings statt. Der Therapeut wählt deren Inhalte und versucht einen Begriff nach dem anderen anzubahnen, wobei meist mit Substantiven begonnen wird. Danach folgen Verben, besitzanzeigende Fürwörter und Adjektive. Das Programm ist sehr systematisch aufgebaut und wird strukturiert durchgeführt.

Einen anderen Ansatz zeigen psycholinguistisch orientierte Sprachförderprogramme. Sie orientieren sich an der Sprachentwicklung nichtbehinderter Kinder und versuchen Sprache von Anfang an als Medium zur Kommunikation zu fördern. Natürliche Sprechsituationen werden als Therapiesetting und soziale Interaktion zur Stärkung der Sprechmotivation benutzt. Klicpera und Innerhofer (1999) weisen deutlich darauf hin, dass gerade bei autistischen Kindern die Sprechmotivation sehr gering ist, aber doch in funktionellen Zusammenhängen (z. B. beim Äußern von Wünschen) existiert. Der Aufbau des Wortschatzes richtet sich nach den jeweiligen Bedürfnissen des Kindes. Begonnen wird mit Begriffen, die das Kind bisher schon auf irgendeine Art und Weise nonverbal ausgedrückt hat, z. B. "nein", "mehr" oder "mein". Inhalt der Förderung ist folglich nicht der systematische Erwerb einzelner semantischer Begriffe, sondern das Einsetzen von Sprache zur Kommunikation.

Studien belegen, dass verhaltenstherapeutische Förderprogramme häufig schnelle Fortschritte bei autistischen Kindern im Spracherwerb einzelner Begriffe zeigen (Klicpera und Innerhofer, 1999). Allerdings verbessert sich die Kommunikation kaum, da das Kind die Benutzung der Sprache nicht im natürlichen kommunikativen Setting erlernt und einsetzt, was bei psycholinguistischen Programmen der Fall ist.
Bei beiden Programmen ist die Sprachförderung um so erfolgreicher, je jünger das Kind zu Beginn der Förderung ist und je größer der bereits erworbene Umfang an Wörtern und Lauten ist. Erst wenn sich die Sprachförderung als wenig bis gar nicht erfolgreich erweist, wird auf alternative Kommunikationsmöglichkeiten zurückgegriffen. Dazu zählen Gebärden oder Bildsymbole sowie die Gestützte Kommunikation.

3.3 Einsatz von Gebärden zur Kommunikation

Bei einer Vielzahl autistischer Kinder werden Gebärden als Kommunikationsmittel angebahnt, wenn eine Sprachförderung keinen Erfolg gezeigt hat (Duker, 1991). Abhängig davon, wie groß das Sprachverständnis bei einer Person ist, wird es notwendig, dass die Bezugspersonen ihre Lautsprache mit Gebärden begleiten und nicht nur die Gebärden als Ausdrucksmittel der Person mit Autismus vermitteln. So können die Gebärden zum Sprachersatz werden und Kommunikation vereinfachen.
Gebärden sind der Sprache gegenüber im Vorteil, da autistische Kinder ebenso wie nicht behinderte Kinder eine natürliche Tendenz zeigen, ihre Hände zu gebrauchen, wobei sich der Inhalt der gestischen Mitteilungen unterscheidet (das autistische Kind benutzt fast ausschließlich funktionale Gesten, vgl. 2.1.1 Der Einsatz von Gesten). Duker schlussfolgert, dass "... der Unterricht einer manuellen Form der Kommunikation [...] folglich auf Tendenzen bauen [kann], die oft schon Teil des individuellen Repertoires sind ..." (1991, S. 11). Zudem besteht zwischen einer Gebärde und dem zugehörigen Objekt oder der zugehörigen Tätigkeit häufig eine deutlichere Beziehung als zwischen dem Begriff und dem Objekt/der Tätigkeit. Die Gebärde für Trinken wird mit dem Führen der Hand zum Mund verdeutlicht. Um dies zu verstehen, ist wesentlich weniger Abstraktionsvermögen nötig, als beim Verstehen der Bedeutung des Wortes "trinken". In der Arbeit mit Menschen mit geistiger Behinderung oder Autismus werden hauptsächlich Gebärden eingesetzt, die eine physische Ähnlichkeit mit der tatsächlichen Handlung haben. Ist zu erkennen, dass eine autistische Person sehr gut auf Gebärden reagiert und deren Einsatz schnell erlernt, so ist es ratsam, eine

Gebärdensprache wie DGS[15] oder LBG[16] zu lehren, da diese wesentlich komplexer und umfangreicher sind.
Notwendige Voraussetzung für den Einsatz der Gebärden in der Kommunikation mit autistischen Menschen ist deren Fähigkeit Bewegungen kontrolliert auszuführen. Erinnern wir uns an die Beschreibung der Handlungsstörungen von Zöller (2001, vgl. 2.2.1 Handlungsstörungen), so wäre anzunehmen, dass es einer autistischen Person ebenso schwer fällt eine beabsichtigte Gebärde zu produzieren wie es ihr Probleme bereitet, ein Wort zu formulieren oder eine konkrete Handlung durchzuführen.

3.4 Unterstützte Kommunikation

Ebenso wie bei der Kommunikation mit Gebärden handelt es sich bei der Kommunikation mit Bildsymbolen um eine Form der Unterstützten Kommunikation, im internationalen Sprachgebrauch als Augmentative and Alternative Communication (AAC) bezeichnet.

> "Alternative Communication wendet der einzelne an, wenn er von Angesicht zu Angesicht kommuniziert, ohne sich dabei einer Lautsprache zu bedienen. Solche alternativen Formen der Kommunikation für Personen, die keine Lautsprache benutzen können, sind Gebärden, graphische Zeichen, Morsezeichen, Schrift usw. Augmentative Communication bedeutet ergänzende Kommunikation. Das Wort 'augmentative' weist darauf hin, dass das Erlernen alternativer Kommunikationsformen einem doppelten Zweck dient: Es soll einerseits den Spracherwerb fördern und ergänzen, andererseits aber auch eine alternative Art der Kommunikation gewährleisten, wenn die betroffene Person nicht zum Erwerb der Lautsprache in der Lage ist." (Von Tetzchner und Martinsen, 2000, S. 17)

Formen der Unterstützten Kommunikation mit Bildsymbolen werden häufig bei autistischen Menschen eingesetzt. Das Bildsymbol, als Ersatz oder Zusatz für das gesprochene Wort, gibt der autistischen Person eine zusätzliche Möglichkeit, andere zu verstehen oder sich auszudrücken. Es ist davon auszugehen, dass autistische Menschen meist bildliche Botschaften besser verstehen als gesprochene, da diese dauerhafter sind. Das Bild ist nicht abhängig von der Stimmfarbe der Person, die es spricht, und es kann so lange betrachtet werden, bis es verstanden ist.
Weltweit existieren bereits eine Vielzahl an Symbolsammlungen und Symbolsystemen. Kristen (1994) erwähnt die Löb-Bildersammlung, die Touch'n Talk-Bildersammlung, die Pick'n Stick-Bildersammlung, Aladins Bildersammlung, Picture Communication Symbols (PCS), Picsyms, BLISS sowie den Bild- und Grundwortschatz

---

[15] DGS = Deutsche Gebärdensprache
[16] LBG = Lautsprachbegleitende Gebärden

nach U. Franke. Diese Symbolsammlungen können wiederum unterschiedlich eingesetzt werden. Grundsätzlich wird zwischen elektronischem und nichtelektronischem Einsatz differenziert.

Abb. 6: Bildlich-anschauliche Botschaften werden besser verstanden als gesprochene (Probst 1998, S. 164)

Bei der nichtelektronischen Variante werden die Symbole auf Bildkarten verwendet. Diese Karten können von der autistischen Person zum Ausdrücken bestimmter Bedürfnisse und Kommentare benutzt werden, sowie von deren Bezugspersonen, um ebenfalls Mitteilungen zu machen. Die Symbole können auch Teile von Kommunikationstafeln, -büchern oder -ordnern sein, welche dem autistischen Menschen zur Verfügung stehen. Er zeigt auf ein Symbol bzw. auf mehrere Symbole, um etwas mitzuteilen. Es wird empfohlen, das jeweilige Symbolsystem durch Fotos zu ergänzen und je nach individuellen Besonderheiten zu gestalten und herzustellen. (Kristen, 1994). Zu den nichtelektronischen alternativen Kommunikationssystemen gehört auch das Picture Exchange Communication System (PECS), welches von Frost und Bondy (1994) speziell für die Kommunikationsförderung autistischer Kinder entwickelt wurde. Die Arbeitsweise des PECS wird in Kapitel 4 beschrieben und dient dem praktischen Teil dieser Arbeit als Grundlage.
Wie bereits erwähnt, können die gleichen Symbolsysteme auch mit elektronischen Medien kombiniert werden. Hier unterscheidet Kristen (1994) Geräte mit und ohne Sprachausgabe. Bei beiden Arten kann man über einen oder mehrere Schalter ein Symbol aus einer bestimmten Anzahl auswählen. Dabei kann die Person das jeweilige Symbol berühren, beim Scanning-Verfahren den Schalter betätigen, sobald das gewünschte Symbol aufleuchtet, oder mit Hilfe von Cursern das beliebige Symbol auswählen. Bei den Geräten handelt es sich um tragbare Kommunikationshilfen mit

mindestens vier Feldern (und bis zu mehreren hundert Feldern), welche je nach Situation mit verschiedenen Symbolen belegt werden können. Zudem gibt es Computerprogramme, die mit der Tastatur und/oder speziellen Schaltern und Joysticks zu bedienen sind. Die Auswahl an Möglichkeiten ist sehr umfangreich und kann jeweils individuell für eine Person gestaltet werden.

3.5 Facilitated Communication (FC)

> "Schreiben ist das halbe Leben für Menschen, die nicht sprechen können ... Ich sage, ich bin sagenbemachtet geworden durch FC-Methode ich bin sooo glücklich seit ich schreiben darf ..." (Lutz Bayer, Autist)[17]

Die von der Australierin Rosemary Crossley entwickelte "Facilitated Communication" wird im Deutschen mit "Gestützter Kommunikation" übersetzt und mit FC abgekürzt. Es handelt sich hierbei um eine Kommunikationsmethode, die ursprünglich mit körper- und sprachbeeinträchtigten Kindern und später auch bei Menschen mit geistiger Behinderung oder Autismus benutzt wurde. Die Kommunikation wird als "gestützt" bezeichnet, da der/die FC-Schreiber/in von einer anderen Person am Handgelenk, Unterarm, Ellenbogen, Oberarm oder an der Schulter gestützt wird. Die Stütze wirkt sowohl physisch als "Hilfe zur Bewältigung motorischer Beeinträchtigungen" als auch psychisch "als Hilfe zur Überwindung emotionaler Blockaden durch Stärkung von Selbstvertrauen und Entwicklung emotionaler Stabilität" (Biermann, 1999, S. 17).
Die Methode der "Gestützten Kommunikation" gehört zu einer der meist diskutierten in der Arbeit mit autistischen Menschen. Gerade enge Bezugspersonen von autistischen Menschen, die sich über FC mitteilen, verteidigen diese Methode, während andere versuchen, sie wissenschaftlich zu widerlegen. Es existieren sowohl Studien, welche die Funktionsweise von FC belegen, als auch solche, die dies widerlegen. (Biermann, 1999)

In dieser Arbeit soll auf diese Diskussion nicht weiter eingegangen werden. Allerdings möchte ich betonen, dass ich die Möglichkeit der Kommunikation über FC in Betracht ziehe, da ich aus eigenen Erfahrungen weiß, dass autistische Menschen mit Stütze Handlungen gezielter ausführen und Buchstaben (und auch Symbole) gezielter zeigen können.

---

[17] In: Verein zur Förderung von autistisch Behinderten e. V. (1998). "Autistische Menschen verstehen lernen II – Mit Beiträgen von Betroffenen", S. 8.

4 Das Picture Exchange Communication System – Eine Einführung

Das Picture Exchange Communication System, nachfolgend PECS genannt, wurde von Lori A. Frost und Andrew S. Bondy in den 80er-Jahren im Rahmen des "Delaware Autistic Program" in den USA entwickelt. Ursprünglich wurde es bei nichtsprechenden autistischen Kindern im Vorschulalter eingesetzt und wird inzwischen in Abwandlungen in verschiedenen Altersstufen und bei unterschiedlichen kommunikativen Störungen benutzt.

Frost und Bondy (1994) sehen einen großen Vorteil im Einsatz des PECS in seiner einfachen Anwendung für alle Beteiligten und vor allem für das autistische Kind[18]. Es ermöglicht dem Kind schnellere Fortschritte als eine Sprachförderung und verfolgt von Anfang an das Ziel der Kommunikation und nicht den Erwerb einzelner Begriffe. Zudem muss das Kind nicht, wie beim Erlernen der Gebärdensprache, über Imitationsfähigkeit verfügen, und das Ergebnis ist im Vergleich zu anderen Methoden der Unterstützten Kommunikation eindeutiger, da das autistische Kind nicht nur (mit Blick aus dem Fenster, o. Ä.) auf ein Bild zeigt, sondern die Aufmerksamkeit einer Bezugsperson erregen und dieser seinen Wunsch mit der Bildkarte mitteilen muss.

Hauptziel des PECS ist, bei autistischen Personen die Fähigkeit zu entwickeln, spontan eine kommunikative Interaktion zu initiieren. Deshalb setzt die Förderung mit dem PECS direkt an der Motivation des Kindes an. Dies ist der Ausgangspunkt aller Trainingsschritte. Kinder, die PECS benutzen, lernen auf einen Kommunikationspartner zuzugehen und diesem ein Bild von einem gewünschten Gegenstand (einer gewünschten Handlung etc.) als Austausch für diesen Gegenstand (die Handlung etc.) zu geben.

PECS basiert auf der Motivation und Mitarbeit des jeweiligen Kindes. Um diese aufrechtzuerhalten, sind folgende Grundregeln einzuhalten:

- Das Kind macht nichts falsch! Läuft etwas nicht so wie vorgesehen, müssen die Bezugspersonen ihr Verhalten überprüfen und ggf. korrigieren!
- Kommunikation soll so natürlich wie möglich stattfinden!
- Das Hauptziel ist Kommunikation und nicht Sprache!
- So viel Hilfe wie nötig, so wenig wie möglich!
- Der Bildkartenaustausch ist keine zu erledigende Aufgabe!

---

[18] Nachfolgend wird immer der Begriff "Kind" verwendet. Er gilt ebenso für Jugendliche und Erwachsene.

- Das erfragte Objekt ist gleichzeitig die Belohnung!
- Es gibt in den ersten Phasen kein "Nein" auf eine Bitte des Kindes! Soll eine Bildkarte nicht weiter trainiert werden, so wird sie weggeräumt und das Kind kann somit nicht mehr nach dem Objekt fragen.
- Jede Bildkarte wird ab Phase I trainiert!
- Das Wegräumen der Bildkarte ist Aufgabe des Kommunikationspartners!
- Alle Vorgaben des Systems sind im Hinblick auf die individuellen Fähigkeiten und Fertigkeiten des Kindes zu betrachten und gegebenenfalls abzuändern!

Das Kommunikationstraining mit PECS teilt sich in sechs Phasen:

I Der physische Austausch
II Ausdehnen der Spontaneität
III Unterscheidung der Bildkarten
IV Bilden von Satzstrukturen
V Beantworten der Frage "Was möchtest du?"
VI Beantworten diverser Fragen

Jede Phase verfolgt ein Ziel. Erst wenn dieses Ziel zu mindestens 80 % erreicht wurde, geht man zur nächsten Phase über. Dies macht eine detaillierte Dokumentation erforderlich.
Konkrete Trainingsanleitungen zu den einzelnen Phasen sowie Unterlagen zur Dokumentation[19] sind dem Handbuch "PECS The Picture Exchange Communication System – Training Manual" von Frost und Bondy (1994) entnommen.

Bevor mit dem konkreten Training begonnen werden kann, sind einige Vorbereitungen nötig. Es muss ermittelt werden, welche Objekte das Kind bevorzugt. Frost und Bondy (1994) schlagen vor, dem Kind fünf bis acht Gegenstände oder Nahrungsmittel vorzulegen und zu beobachten, welches davon am meisten das Interesse des Kindes auf sich zieht. Dem Kind werden die Objekte oder Nahrungsmittel so lange vorgelegt, bis mindestens drei von ihnen als besonders beliebt sicher sind.
Für diese bevorzugten Objekte und/oder Nahrungsmittel müssen Bildkarten hergestellt werden. PCS-Symbole werden hierfür empfohlen. Grundsätzlich wird mit Schwarz-Weiß-Bildkarten gearbeitet, um eine höhere Gültigkeit zu erzielen (Bildkarte für einen Ball kann für verschiedenfarbige Bälle gelten). Zu Beginn sollten die

[19] Die Dokumentationsbögen befinden sich im Anhang.

Bildkarten ca. 8 x 8 cm groß sein, später genügen 5 x 5 cm. Die jeweiligen Bilder/Symbole werden beschriftet und die Bildkarten laminiert. Die Rückseite wird mit einem Stück Klettband versehen (um die Bildkarte später an der Kommunikationstafel zu befestigen). Durch das Klettband liegt die Bildkarte auch nicht ganz flach auf dem Tisch und kann so besser aufgenommen werden.
Auch ohne PCS-Symbolsammlung und Laminiergerät kann mit dem PECS gearbeitet werden. Für die Bildkarten können ebenso andere Symbolsysteme oder eigene Zeichnungen verwendet werden, welche auf Pappe befestigt und mit Klebefolie eingeschlagen werden. Die PCS-Sammlung ist vorteilhaft, da sie sehr umfangreich ist und auch auf diversen Talkern verwendet wird, deren Nutzung sich gegebenenfalls an ein PECS-Training anschließen könnte.

4.1 Phase I – Der physische Austausch

In der ersten Phase wird der physische Vorgang des Austausches einer Bildkarte gegen ein Objekt aufgebaut. Das Hauptziel dieser Phase lautet:
Wenn das Kind einen beliebten Gegenstand sieht, nimmt es die Bildkarte, auf welcher der Gegenstand abgebildet ist, und gibt die Karte im Austausch für das Objekt an eine Bezugsperson ab.
Das Training der ersten Phase findet am Tisch statt. Das Kind sitzt mit einer Bezugsperson (dem "Schatten") auf der einen Seite und eine andere Bezugsperson (der Kommunikationspartner) sitzt ihnen gegenüber. Auf dem Tisch befindet sich außerhalb der Reichweite des Kindes ein beliebter Gegenstand und in seiner Reichweite eine Bildkarte von demselben Gegenstand. Das Training ist in drei Schritte unterteilbar.

a) Der vollständig unterstützte Austausch
Wenn das Kind nach dem beliebten Gegenstand greift, assistiert der "Schatten", der neben oder hinter ihm sitzt und hilft dem Kind das Bild aufzunehmen, dies zum Kommunikationspartner zu reichen und ihm in die Hand zu geben. Der Kommunikationspartner hält dem Kind eine "Offene Hand" entgegen, um die Karte zu empfangen. Der Schatten hilft dem Kind, die Karte loszulassen. Hat der Kommunikationspartner die Karte

Abb. 7: Der vollständig unterstützte Austausch

erhalten, reagiert er verbal auf den Wunsch, z. B. mit "Oh, du möchtest den Ball!", und gibt dem Kind den gewünschten Gegenstand. Die Reaktion erfolgt genauso, als ob das Kind verbal um diesen Gegenstand gebeten hätte. Der Kommunikationspartner kann zudem die Bildkarte beim Sprechen neben seinen Mund halten, so dass eine Verbindung zwischen dem Gesprochenen und dem Bild hergestellt werden kann. Greift das Kind auch nach mehrmaligem Wiederholen nicht nach dem Gegenstand, so ist zu prüfen, ob es sich wirklich um einen beliebten Gegenstand handelt. Der Kommunikationspartner kann zusätzliche Hinweise geben (das Kind beim Namen rufen, benennen welchen Gegenstand sie hat o. Ä.). Allerdings darf er keine direkte Hilfestellung geben, die sich auf den Austausch bezieht, wie etwa "Gib mir die Karte!".

b) Ausblenden der physischen Unterstützung

Zum Ausblenden der Unterstützung wird das "backward chaining" (etwa: zurückgehende Verkettung) benutzt. Es wird genauso wie beim ersten Schritt vorgegangen, allerdings nimmt der Schatten seine physische Unterstützung zurück. Dies beginnt mit dem Nachlassen der Hilfestellung beim Aushändigen der Karte. Die Hilfestellung bei der Aufnahme der Karte und beim Hinüberreichen bleibt bestehen, bis das Kind bei ca. 80 % der Fälle ohne Hilfestellung die Karte abgibt. Danach wird die physische Unterstützung beim Hinüberreichen und am Ende bei der Aufnahme der Bildkarte ausgeblendet. In allen Fällen bietet der Kommunikationspartner dem Kind die "Offene Hand" an, wenn es nach dem Gegenstand oder dem Bild greift. Am Ende dieses Schrittes genügt für einen erfolgreichen Austausch der Bildkarte gegen das gewünschte Objekt das Angebot der "Offenen Hand". Der Schatten ist als physische Unterstützung nicht mehr notwendig. Es kann mit nur einer Person weiter gearbeitet werden.

c) Ausblenden der Hilfestellung durch die "Offene Hand"

Zum Ende der ersten Phase wird auch die Hilfestellung durch die "Offene Hand" ausgeblendet. Die Person B verzögert ihr Angebot einer "Offenen Hand", d. h. sie erweitert den Zeitraum bevor sie dem Kind die "Offene Hand" zum Empfangen der Karte anbietet bis zu dem Punkt, an dem das Kind die Karte aufnimmt, hinüberreicht und abgibt. Ist der Austausch in 80 % der Fälle ohne Unterstützung erfolgreich, so kann zur nächsten Phase übergegangen werden.

Die Ergebnisse der ersten Phase werden in der zugehörigen Tabelle dokumentiert. Es wird notiert, um welchen Gegenstand es sich handelt, wie viel Hilfe beim Aufnehmen, Hinüberreichen und Abgeben der Karte notwendig war, und ob die "Offene Hand" eingesetzt wurde oder nicht.
Beispiel 1 in der unten aufgeführten Tabelle wäre eine Situation, in der das betreffende Kind eine Banane möchte und der Bildkartenaustausch mit vollständiger Unterstützung (= V) und der "Offenen Hand" (M = mit "Offener Hand") stattfindet. Beispiel 2 zeigt eine Situation, in der das Kind teilweise Unterstützung (= T) beim Aufnehmen benötigt (etwa eine Berührung am Arm) und die "Offene Hand" als Hilfestellung angeboten bekommt. Beispiel 3 verdeutlicht den Endstand dieser Phase, in der das Kind den Austausch selbstständig (= +) und ohne zusätzliche Hilfe durch die "Offene Hand" (O = ohne "Offene Hand") initiiert.

	Datum	Gegenstand/ Symbol	Aufnehmen	Hinüberreichen	Abgeben	"Offene Hand"
1	05.01.	Banane	V	V	V	M
2	...					
3	10.01.	Banane	T	+	+	M
4	...					
5	17.01.	Banane	+	+	+	O
6						

4.2 Phase II – Ausdehnen der Spontaneität

Das Hauptziel der zweiten Phase lautet:
Das Kind geht zu seiner Kommunikationstafel, nimmt eine Bildkarte ab, geht zu einem Erwachsenen und gibt sie diesem in die Hand.
In dieser Phase wird die Kommunikationstafel eingeführt. Frost und Bondy (1994) schlagen vor, ein Ringbuch dafür zu benutzen, wobei die Außenseite als Kommunikationstafel und die Innenseite zum Aufbewahren der Bildkarten benutzt wird. Klettband wird an der Kommunikationstafel befestigt, sodass die Karten leicht anzuheften und wieder abzunehmen sind.
In der zweiten Trainingsphase sitzt das Kind mit einer Bezugsperson am Tisch. Ein beliebter Gegenstand befindet sich außer Reichweite des Kindes. Die zugehörige Bildkarte ist an der Kommunikationstafel befestigt. In drei Schritten wird trainiert, dass das Kind zur Kommunikationstafel geht, dort die Bildkarte eines beliebten Gegenstandes abnimmt und diese einer Bezugsperson gibt.

a) Nutzung einer Bildkarte an der Kommunikationstafel

Ähnlich wie in Phase I wird dem Kind zu Beginn physische Unterstützung bei der Abnahme der Bildkarte von der Kommunikationstafel angeboten. Der restliche Austausch sollte ohne Hilfe stattfinden. Diese Hilfestellung beim Abnehmen wird allmählich ausgeblendet, bis das Kind in 80 % der Fälle die Bildkarte selbstständig abnimmt, hinüberreicht und abgibt.

b) Erweitern des Abstandes zwischen der Bezugsperson und dem Kind

Ist der Austausch der Bildkarte gegen das Objekt häufig erfolgreich, so beginnt die Bezugsperson den Abstand zwischen sich und dem Kind schrittweise zu erweitern. Der Abstand sollte immer dann vergrößert werden, wenn bei einer gewissen Entfernung kaum noch Hilfen (das Kind beim Namen nennen o. Ä.) notwendig sind. Dabei bleibt die Kommunikationstafel in Reichweite des Kindes.

c) Erweitern des Abstandes zwischen dem Kind und der Kommunikationstafel

Anschließend wird ebenso systematisch der Abstand zwischen dem Kind und der Kommunikationstafel erweitert, sodass das Kind lernen muss, erst zur Kommunikationstafel und dann zur Bezugsperson zu gehen.

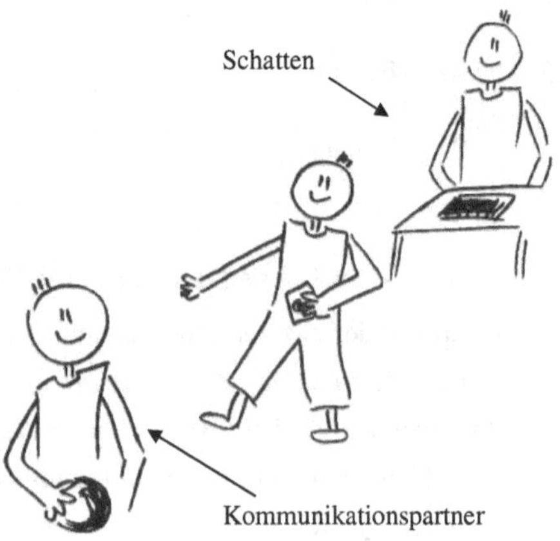

Abb. 8: Erweiterter Abstand zur Kommunikationsmappe und zum Kommunikationspartner

Hinzu kommt, dass sich der Kommunikationspartner vom Kind abwenden kann und das Kind mit Hilfe des Schattens lernen soll, den anderen anzutippen und so dessen Aufmerksamkeit zu erregen. Darauf reagiert der Kommunikationspartner überrascht, als ob er nicht mit dem Kind gerechnet hätte, z. B. "Oh, hallo Tim!", lässt sich dann die Bildkarte geben, hält diese neben seinen Mund und verbalisiert den Wunsch des Kindes wie in den vorherigen Durchgängen. Die Hilfe des Schattens wird wieder ausgeblendet, und am Ende geht das Kind selbstständig zur Tafel und mit einer Bildkarte zu einer Bezugsperson, und verschafft sich deren Aufmerksamkeit und äußert seinen Wunsch.

Findet der Austausch in 80 % der Fälle erfolgreich statt, so kann zur nächsten Phase übergegangen werden.

In der zugehörigen Tabelle wird notiert, um welchen Gegenstand es sich handelt, wie viel Hilfe zum Aufnehmen und Austauschen der Bildkarte benötigt wird und in welchem Abstand sich die Bezugsperson und die Kommunikationstafel vom Kind befinden. Das erste Beispiel beschreibt demnach eine Situation, in der das Kind vollständige Hilfe beim Abnehmen benötigt und sich die Bezugsperson und die Kommunikationstafel in unmittelbarer Nähe befinden. Im zweiten Beispiel nimmt das Kind die Karte bereits selbstständig auf und geht zu einer Bezugsperson in zwei Metern Abstand. Beispiel 3 stellt das Ende der zweiten Phase dar, bei dem das Kind sowohl den Abstand zur Kommunikationstafel als auch zur Bezugsperson meistert.

	Datum	Gegenstand/ Symbol	Aufnehmen der Karte	Austausch	Entfernung Bezugspers.	Entfernung Kom.tafel
1	30.01.	Schuh	V	V	daneben	daneben
2	...					
3	05.02.	Schuh	+	+	2 m	daneben
4	...					
5	10.02.	Schuh	+	+	3 m	2 m
6	...					

4.3 Phase III – Unterscheidung der Bildkarten

In der dritten Phase lernt das Kind einzelne Bildkarten voneinander zu unterscheiden. Das Hauptziel lautet demnach:

Das Kind geht zu seiner Kommunikationstafel, sucht eine Bildkarte unter mehreren aus, nimmt diese ab, geht zu einem Erwachsenen und gibt diesem die Karte in die Hand.

Zur Vorbereitung dieser Phase sind Bildkarten unbeliebter bzw. unrelevanter Objekte anzufertigen. Die zugehörigen Objekte sollten vorhanden sein. Das Kind und eine Bezugsperson sitzen am Tisch. In der Nähe (aber außerhalb der Reichweite des Kindes) befinden sich die jeweiligen Gegenstände. Die eingesetzten Bildkarten sind auf der Kommunikationstafel in Reichweite des Kindes befestigt. Diese Phase gliedert sich in zwei Teile.

a) Unterscheidung

Für den Beginn des Trainings muss eine Situation geschaffen werden, in der das Kind mit großer Wahrscheinlichkeit ein bestimmtes Objekt haben möchte. Dieses Objekt befindet sich in der Nähe, aber außerhalb der Reichweite des Kindes. Die zugehörige Bildkarte sowie die Bildkarte eines für diese Situation irrelevanten Objektes sind an der Kommunikationstafel befestigt. Da das Kind aus Phase II schon weiß, dass es im Austausch für eine Bildkarte das gewünschte Objekt bekommt, wird es eine Karte von der Kommunikationstafel nehmen und sie der Bezugsperson reichen. Je nachdem nach welchem Objekt das Kind fragt, wird ihm dieses auch ausgehändigt. Fragt es nach dem beliebteren Gegenstand, so wird es verbal gelobt. Fragt das Kind jedoch nach dem unrelevanten/unbeliebten Objekt, so bekommt es dieses ebenfalls ausgehändigt. Ist das Kind mehrmals nacheinander nicht erfolgreich, so können verschiedene Hilfestrategien angewendet werden. Die Objekte können beispielsweise neben bzw. oberhalb der jeweiligen Bildkarte angeordnet werden, sodass ein optischer Bezug hergestellt ist. Die Bildkarte des beliebten Objekts kann zu Beginn größer als die andere sein und erst wenn das Kind wiederholt gezielt danach greift, wird die Größe schrittweise an die andere Karte angepasst. Die Bildkarten können zudem farbig gestaltet sein, oder es werden Originalbilder (z. B. von Lebensmittelverpackungen) oder Fotos verwendet[20]. Eine Hilfestellung können auch 3-D-Karten sein, bei denen das jeweilige Objekt (oder ein verkleinertes Modell) auf der Bildkarte befestigt ist. In manchen Fällen ist es auch hilfreich, anstelle eines unrelevanten Objektes gar nichts einzusetzen und eine leere Bildkarte neben der des beliebten Objektes anzubieten. Benutzt das Kind dann die leere Karte, so antwortet die Bezugsperson: "Du möchtest nichts!".

Beim Trainieren der Unterscheidung ist es wichtig, immer wieder die Position der Bildkarten auf der Kommunikationstafel zu verändern, damit das Kind nicht lernt, dass beispielsweise immer rechts außen die Erfolg versprechende Karte liegt. Vor jedem Durchgang bereitet der Kommunikationspartner die Tafel neu vor, gegebenenfalls auch verdeckt, sodass das Kind nicht beobachtet, wo die Karte des beliebten Objektes befestigt wird.

Sobald das Kind sicher zwischen zwei Bildkarten die für die Situation relevantere Karte auswählt, kann die Anzahl der Karten erweitert werden, bis eine Auswahl aus mehreren sehr beliebten und weniger beliebten Objekten und Tätigkeiten möglich ist.

---

[20] Es ist zu beachten, dass farbige Originalbilder oder Fotos jeweils nur für ein bestimmtes Objekt/ Nahrungsmittel stehen und nicht verallgemeinerbar sind.

Zu Beginn sollte jede Karte eines beliebten Objektes mit der eines unrelevanten/unbeliebten Objektes trainiert werden.

b) Kontrolle des Wunsches
Sobald das Kind zwischen zwei bis drei Bildern unterscheidet, beginnt man zu kontrollieren, ob das Kind sich auch wirklich mit dem beschäftigt, wonach es fragt. Während des Trainings wird beobachtet, mit welcher Häufigkeit das Kind nach den jeweiligen Karten greift. Wird deutlich, dass das Kind nach dem weniger beliebten Objekt gefragt hat (wirft Objekt weg, ignoriert es, reagiert aggressiv o. Ä.), so wird dies in der Dokumentation mit einem – gekennzeichnet. Fragt das Kind nach einem beliebten Objekt, wird ein + eingetragen. Es ist dann ersichtlich, ob das Kind zufällig nach den Karten greift (bei 50 % + und 50 % –), oder ob es gezielt nach der Karte des beliebten Objektes greift (80 bis 100 % +).

An der dritten Phase wird so lange gearbeitet, bis das Kind in 80 % der Fälle selbstständig eine relevante Karte wählt, austauscht und mit dem Objekt oder der Tätigkeit auch deutlich seinen eigenen Wunsch erfüllt.

Zur Dokumentation der dritten Phase haben Frost und Bondy (1994) zwei Tabellen vorgeschlagen. Ich habe diese jedoch zur besseren Übersicht in einer Tabelle zusammengefasst. Aus dieser wird ersichtlich, um welchen Gegenstand es sich handelt, aus welcher Anzahl von Karten ausgewählt wird, ob der Austausch mit oder ohne Hilfe stattfindet, ob die Bildkarte auch dem Wunsch des Kindes entspricht und in welcher Entfernung vom Kind sich sowohl Bezugsperson als auch Kommunikationstafel befinden.
Wählt das Kind aus zwei Symbolen eine Tasse, gibt die Bildkarte mit Hilfe der "Offenen Hand" ab und zeigt dann aber deutlich, dass es eigentlich nicht die Tasse haben möchte, so wird dies wie im Beispiel 1 dokumentiert (– = Bildkarte entspricht nicht dem Wunsch des Kindes). Im zweiten Beispiel wählt das Kind aus zwei Karten ein Buch aus, tauscht dies ohne Hilfe aus und beschäftigt sich dann auch wirklich damit (+ = die Bildkarte entspricht dem Wunsch des Kindes). Die Bezugsperson hat dabei schon den Abstand erweitert.
Das dritte Beispiel verdeutlicht den Endstand der Phase. Das Kind wählt aus 10 verschiedenen Bildkarten an der zwei Meter entfernten Kommunikationstafel eine wirklich beliebte aus und gibt sie selbstständig der in vier Meter Entfernung stehenden Bezugsperson.

	Datum	Gegenstand/ Symbol	Anzahl der Karten	Aus-tausch	Kontrolle	Entferng. Bezugsp.	Entferng. Kom.tafel
1	15.02.	Tasse	2	T	–	daneben	daneben
2	...						
3	22.02.	Buch	2	+	+	2 m	daneben
4	...						
5	27.02.	Baustein	10	+	+	4 m	2 m
6	...						

4.4 Phase IV – Bilden von Satzstrukturen

In der vierten Phase des PECS lernt das Kind seine Wünsche in einem Satz zu äußern. Als Hauptziel gilt:

Das Kind bittet um vorhandene und nichtvorhandene Objekte mit einem Satz, indem es zur Kommunikationstafel geht, die Bildkarte für "Ich möchte" abnimmt, diese am Satzstreifen befestigt und die Bildkarte des gewünschten Objekts hinzufügt. Mit diesem Satzstreifen geht das Kind zu einer Bezugsperson. Am Ende dieser Phase nutzt das Kind 20 bis 50 Bildkarten mit mehreren Bezugspersonen.

Für diese Phase sind einige Bildkarten beliebter Objekte oder Tätigkeiten mit Klettband an der Kommunikationstafel befestigt. Zusätzlich befindet sich eine Bildkarte "Ich möchte" an der Tafel, sowie ein Satzstreifen, an dessen Oberfläche ebenfalls Klettband ist, damit Bildkarten darauf befestigt werden können. Es empfiehlt sich in dieser Phase erneut einen Schatten einzusetzen. Ist dies nicht möglich, so kann die Hilfe auch vom Kommunikationspartner übernommen werden.

Die Handhabung des Satzstreifens und der "Ich möchte"-Karte lernt das Kind in drei Schritten.

a) Unbewegliche "Ich möchte"-Karte

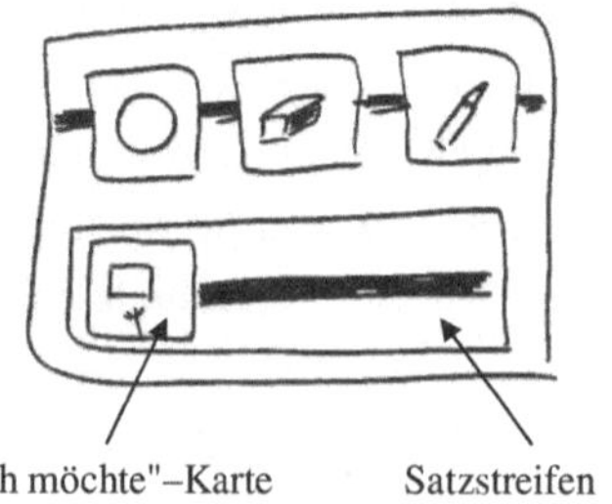

Abb. 9: Die unbewegliche "Ich möchte"–Karte auf der Kommunikationstafel

Die Bildkarte "Ich möchte" wird schon in der Vorbereitung am rechten Rand des Satzstreifens befestigt. Zeigt das Kind deutliches Interesse für ein Objekt, so wird es durch den Schatten beim Anbringen des jeweiligen Symbols auf dem Satzstreifen neben der "Ich möchte"-Karte unterstützt. Mit Hilfe wird der Satzstreifen von der Kommunikationstafel abgenommen und an

den Kommunikationspartner gegeben. Dieser zeigt dem Kind den Satzstreifen und sagt: "Du sagst mir: Ich möchte ...". Dazu kann das Kind aufgefordert bzw. unterstützt werden, auf die jeweilige Bildkarte für "Ich möchte" und dann auf die des gewünschten Objektes zu zeigen. Möglicherweise lässt der Kommunikationspartner beim Verbalisieren des Wunsches nach "Ich möchte ..." eine Pause, sodass das Kind das Objekt benennen kann. Kinder, die über Lautsprache verfügen, setzen häufig an dieser Stelle mit Lauten oder dem Begriff des Objektes ein. Die Lautsprache wird allerdings nicht extra eingefordert. Der Wunsch des Kindes wird in jedem Falle erfüllt, egal ob der Austausch des Satzstreifens von Worten begleitet wurde oder nicht.
Die physische Unterstützung beim Befestigen der Bildkarte und bei der Abgabe des vollständigen Satzstreifens wird kontinuierlich abgebaut, bis das Kind dies in 80 % der Fälle selbstständig tut.

b) Bewegliche "Ich möchte"-Karte
Im zweiten Schritt befindet sich die "Ich möchte"-Karte neben dem Satzstreifen auf der Kommunikationstafel. Möchte das Kind ein bestimmtes Objekt, so wird es vom Schatten unterstützt, zuerst die "Ich möchte"-Karte abzunehmen und am Satzstreifen zu befestigen, dann die Bildkarte des gewünschten Objekts hinzuzufügen und den gesamten Satzstreifen an eine Bezugsperson abzugeben. Die Hilfestellung wird nach und nach ausgeblendet, bis das Kind selbstständig den Satz zusammensetzt. Verwechselt das Kind die Positionen der beiden Karten auf dem Satzstreifen, so korrigiert der Kommunikationspartner dies unkommentiert und fordert das Kind wie in den vorherigen Durchgängen auf, die jeweilige Bildkarte zu zeigen, während er den Satz formuliert und ggf. beim Sprechen eine Pause lässt, damit das Kind den Satz vervollständigen könnte. Zeigt das Kind wiederholt Probleme, die "Ich möchte"-Karte an der richtigen Stelle anzubringen, so kann dieser Bereich und/oder die "Ich möchte"-Karte farbig unterlegt werden.
Äußert das Kind seine Wünsche selbstständig mit Hilfe des Satzstreifens gegenüber mindestens drei Bezugspersonen, so kann zum dritten Schritt übergegangen werden.

c) Gewünschte Objekte außerhalb der Sichtweite
Nun können Situationen geschaffen werden, in denen das Kind nach Objekten fragen könnte, welche nicht in unmittelbarer Nähe sind. Die Bezugsperson bringt beispielsweise das Objekt, mit dem sich das Kind gerade beschäftigt hat, außer Sichtweite.

Dem Kind wird dann die Kommunikationstafel mit dem Satzstreifen, der "Ich möchte"-Karte und diversen Bildkarten angeboten. Es ist davon auszugehen, dass das Kind nach dem Objekt fragt, ohne es in Sichtweite zu haben. Tut es dies nicht, kann verbal darauf hingewiesen werden, dass dieses Objekt zu haben ist oder die Bezugsperson zeigt dem Kind das Objekt erneut.

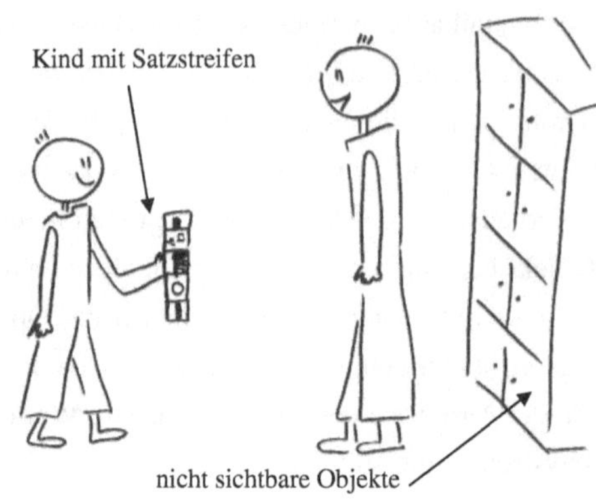

Abb. 10: Kind bittet um ein nicht sichtbares Objekt

Schritt für Schritt lernt das Kind, nach einer Reihe von Objekten zu fragen, die nicht in unmittelbarer Nähe sind.

In der zugehörigen Tabelle wird dokumentiert, ob die "Ich möchte"-Karte unbeweglich ist bzw. vom Kind mit oder ohne Hilfe angebracht wird. Außerdem wird eingetragen, um welches Objekt es sich handelt und ob das Anbringen der zugehörigen Bildkarte sowie der Austausch des gesamten Satzstreifens selbstständig durchgeführt wird. Im ersten Beispiel ist die "Ich möchte"-Karte schon am Satzstreifen befestigt (U = unbeweglich). Das Kind wird beim Anbringen der Bildkarte für einen Ball und bei der Abgabe des gesamten Streifens vollständig unterstützt. Der Ball entspricht wirklich dem Wunsch des Kindes. Bei einem nächsten Beispiel wird die "Ich möchte"-Karte mit Hilfe befestigt. Die Bildkarte "Buch" bringt das Kind selbst an und gibt den Streifen mit etwas Hilfe ab (T = teilweise Unterstützung, wie beispielsweise die "Offene Hand"). Am Ende der vierten Phase bittet das Kind ohne Hilfe mit dem vollständigen Satzstreifen um einen Apfel.

	Datum	Ich möchte	Gegenstand/Symbol		Austausch	Kontrolle
1	27.02.	U	Ball	V	V	+
2	...					
3	05.03.	V	Buch	+	T	+
4	...					
5	10.03.	+	Apfel	+	+	+
6	...					

4.5 Phase V – Beantworten der Frage "Was möchtest du?"

Das Hauptziel dieser Phase der Kommunikationsförderung mit dem PECS lautet:
Das Kind kann spontan nach einem beliebten Objekt fragen und die Frage "Was möchtest du?" beantworten.
In der Trainingsumgebung befindet sich die Kommunikationstafel mit dem Satzstreifen, der "Ich möchte"-Karte und einer Reihe von Bildkarten für mögliche beliebte Objekte, welche sich in der Nähe, aber nicht in Reich- und Sichtweite des Kindes befinden. Frost und Bondy (1994) gehen davon aus, dass diese Phase möglicherweise am schnellsten durchlaufen wird, da den meisten Kindern die Frage "Was möchtest du?" bekannt ist und sie bisher mit anderen Mitteln der Kommunikation darauf reagiert haben (mit Zeigen, Handführen etc.). In jedem Falle wird in drei Schritten vorgegangen.

a) Keine zeitliche Verzögerung
Die Bezugsperson hält sich mit einem beliebten Objekt neben der Kommunikationstafel auf, fragt das Kind "Was möchtest du?" und zeigt im gleichen Augenblick auf die "Ich möchte"-Karte. Das Kind wird gegebenenfalls dabei unterstützt, die "Ich möchte"-Karte abzunehmen, diese zusammen mit der Bildkarte des beliebten Objektes am Satzstreifen zu befestigen und der Bezugsperson zu geben (wie in Phase IV). Führt das Kind diese Handlung selbstständig unmittelbar nach der gestellten Frage und der Zeigegeste zur "Ich möchte"-Karte aus, so gilt der Schritt als erlernt.

b) Erweiterung des Zeitraums zwischen Frage und Geste
Nun beginnt die Bezugsperson die Zeit zwischen der Frage "Was möchtest du?" und der Hilfestellung durch die Zeigegeste zur "Ich möchte"-Karte auszudehnen. Es wird empfohlen, den zeitlichen Abstand in kleinen Schritten zu erweitern (jeweils eine Sekunde länger warten, wenn das Kind in 80 % der Fälle bereits erfolgreich ist).

c) Keine Hilfestellung durch Geste
Sobald das Kind beginnt, auf die Frage "Was möchtest du?" zu reagieren, wenn die Bezugsperson gerade die Hilfestellung (auf die "Ich möchte"-Karte zeigen) geben will, kann diese Geste ausgeblendet werden. Das Kind beantwortet die Frage am Ende unverzüglich.
Neben dem Trainieren des Beantwortens der Frage sollen weiterhin Situationen geschaffen werden, in denen das Kind spontan einen Wunsch äußern kann, ohne danach

gefragt zu werden. Dazu ist es sinnvoll die Kommunikationstafel mit Bildkarten von einigen beliebten Objekten immer in Reichweite des Kindes aufzubewahren.

Aus der Tabelle zur Phase V wird also ersichtlich, welches Objekt das Kind wünscht, ob es selbstständig den Satzstreifen zusammensetzt und abgibt, mit welcher Zeitverzögerung die Geste zur Frage eingesetzt wird und ob es sich um eine spontane Äußerung (= S) oder die Beantwortung einer Frage (= F) handelt. Im ersten Beispiel fragt die Bezugsperson das Kind: "Was möchtest du?", und zeigt dabei auf die "Ich möchte"-Karte. Das Kind benötigt etwas Hilfe, die erste Karte zu befestigen, erledigt aber den Rest selbstständig. Ohne Hilfe und mit einer zeitlichen Verzögerung von zwei Sekunden zwischen der Frage und der Zeigegeste fragt das Kind im zweiten Beispiel nach einem Stift. Eine spontane Bitte um ein Buch wird wie im dritten Beispiel dokumentiert, wenn das Kind alle nötigen Teilschritte ohne Hilfe ausführt. Im vierten Beispiel reagiert das Kind unmittelbar auf die Frage "Was möchtest du?". Das Zeigen auf die "Ich möchte"-Karte ist nicht mehr notwendig.

	Datum	Ich möchte	Gegenst./ Symbol		Austausch	Zeitverzögerung	spontan oder Frage	Kontrolle
1	06.03.	T	Banane	+	+	0 Sek.	F	+
2	...							
3	12.03.	+	Stift	+	+	2 Sek	F	+
4	...							
5	15.03.	+	Buch	+	+		S	+
6								
7	19.03.	+	Blatt	+	+	Ohne Geste	F	+
8	...							

4.6 Phase VI – Beantworten diverser Fragen

In der sechsten und letzten Phase werden die Kommunikationsmöglichkeiten wesentlich ausgedehnt. Das Kind soll lernen, mit Hilfe der Karten nicht nur Wünsche auszudrücken, sondern auch Mitteilungen zu Objekten zu machen, die es sieht, besitzt o. Ä. Das Hauptziel lautet:

Das Kind beantwortet die Fragen "Was möchtest du?", "Was siehst du?", "Was hörst du?" oder ähnliche Fragen richtig in verschiedenen Situationen und mit verschiedenen Bezugspersonen.

Die Kommunikationstafel mit dem Satzstreifen befindet sich in unmittelbarer Nähe. Eine "Ich sehe"-Karte und eine "Ich höre"-Karte wurden vorbereitet. Die "Ich möch-

te"-Karte und eine Reihe an Bildkarten möglicher beliebter und weniger beliebter Objekte und Tätigkeiten sind ebenfalls vorhanden.
Das Kind erlernt das Beantworten von Fragen und das spontane Äußern von Kommentaren in sechs Schritten.

a) "Was siehst du?"
Die "Ich sehe"- Karte wird schon im Vorfeld an der Kommunikationstafel neben der "Ich möchte"-Karte befestigt. Ein weniger beliebtes Objekt wird von der Bezugsperson hochgehalten. Dabei fragt sie: "Was siehst du?" und zeigt gleichzeitig auf die "Ich sehe"-Karte. Nimmt das Kind nicht selbstständig die "Ich sehe"-Karte, um sie auf dem Satzstreifen zu befestigen, so wird es dabei physisch unterstützt. Die Bezugsperson wartet dann maximal fünf Sekunden, ob das Kind die entsprechende Bildkarte des Objektes daneben befestigt. Reagiert das Kind richtig, sagt die Bezugsperson: "Ja, du siehst ..." und belohnt das Kind mit einer Kleinigkeit, die nicht mit dem Objekt identisch ist oder in irgendeinem Zusammenhang dazu steht. Die Belohnung kann weggelassen werden, wenn das Kind deutlich Freude an der Kommunikation zeigt und keine extra Motivation nötig ist.
Es wird mit einem weniger beliebten Objekt begonnen, da anzunehmen ist, dass das Kind erwartet, das Objekt zu bekommen, wenn es den Satzstreifen abgibt (da es noch nicht die Unterscheidung zu der "Ich möchte"-Karte erlernt hat), und bei einem weniger beliebten Objekt demzufolge auch weniger Enttäuschung zeigt, wenn es dies nicht bekommt. Hat das Kind den Einsatz der "Ich sehe"-Karte gelernt, so können auch beliebtere Objekte abgefragt sowie neue Bildkarten und Objekte hinzugenommen werden.

b) "Was siehst du?" und "Was möchtest du?"

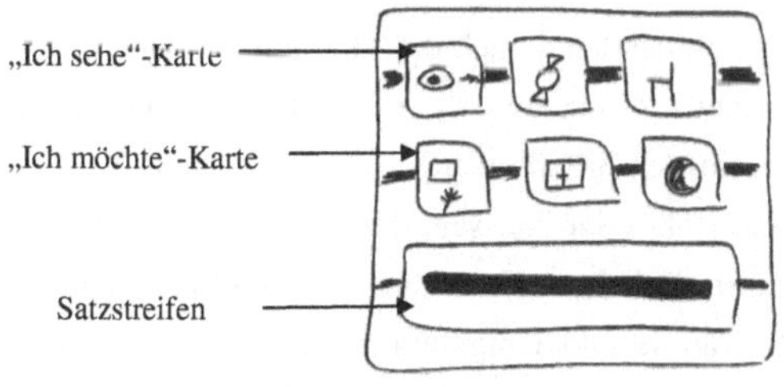

Abb. 11: Kommunikationsmappe mit "Ich sehe"- und "Ich möchte"-Karte

Nun beginnt die Bezugsperson diese beiden Fragen abwechselnd zu stellen. Zeigt das Kind Probleme bei der Unterscheidung der beiden Fragen und den zugehörigen Antworten, dann kann zusätzlich Hilfestellung gegeben werden.

Zum Beispiel zeigt die Bezugsperson auf die richtige Karte. Diese Hilfestellung wird nach und nach zeitlich verzögert (wie in Phase V) und schließlich ausgeblendet, bis das Kind in 80 % der Fälle ohne Hilfe richtig auf die beiden Fragen reagiert.

c) "Was hörst du?"
Die "Ich höre"-Karte wird an der Kommunikationstafel neben der "Ich möchte" und der "Ich sehe"-Karte angebracht und ihr Einsatz ebenso trainiert wie die Beantwortung der Frage "Was siehst du?". Dem Kind können verschiedene Geräusche vorgemacht werden, wie z. B. Tierstimmen, Telefonklingeln und andere dem Kind bekannte Laute.

d) "Was siehst du?", "Was möchtest du?" und "Was hörst du?"
Nachdem das Kind mit dem Einsatz der drei Satzanfänge "Ich möchte", "Ich sehe" und "Ich höre" vertraut ist, können die zugehörigen Fragen in beliebiger Reihenfolge gestellt werden. Zeigt das Kind große Probleme bei der Unterscheidung, dann kann wieder zusätzlich Hilfestellung gegeben werden, indem die Bezugsperson auf die richtige Karte zeigt. Die Hilfestellung wird wie in den vorherigen Schritten zeitlich verzögert und schließlich ausgeblendet, bis das Kind in 80 % der Fälle ohne Hilfe richtig auf alle drei Fragen reagiert.

e) Zusätzliche Fragen
Im Anschluss daran können nach dem gleichen Verfahren weitere Fragen und Antworten trainiert werden. Beispielsweise kann die Bezugsperson fragen "Was ist das?", "Was hast du?" oder "Was riechst du?". Selbstverständlich müssen entsprechende Satzanfänge für die Antwort zur Verfügung stehen.

f) Spontane Äußerungen
Neben dem Beantworten von Fragen soll das Kind auch die Möglichkeit haben, spontan verschiedene Äußerungen über Dinge zu machen, die es sieht, hört, möchte oder dergleichen. Die Bezugsperson lässt in der Situation mit dem Kind mehr Zeit verstreichen, ehe sie fragt, was das Kind sieht oder hat, sagt dafür aber "Schau mal!" o. Ä., um eine spontane Äußerung zu ermöglichen. Frost und Bondy (1994) schlagen vor, mit dem Kind durch bekannte Räume und Umgebungen zu gehen und immer wieder mit kurzen Kommentaren ("Schau", "Wow", "Oh"...) auf Dinge hinzuweisen. Man kann auch erwähnen, was man sieht und dies dann verzögern: "Oh .... Ich sehe ... einen Hund!", sodass das Kind die Möglichkeit hat, den Satz selbst zu beenden.

Sobald das Kind spontan bekannte Bildkarten einsetzt, können neue Begriffe eingeführt werden. Eine weitere Möglichkeit ist das Schaffen von "Überraschungsmomenten". Die Bezugsperson holt beispielsweise aus einer Tasche plötzlich ein beliebtes Objekt oder lässt das Kind dies herausholen, oder eine andere Bezugsperson tauscht überraschend auf, sodass das Kind dies möglicherweise von sich aus kommentieren will. Zum Erweitern des Bildkartenwortschatzes kann man gemeinsam mit dem Kind Bilderbücher lesen. Beim Anschauen kommentiert die Bezugsperson, was sie sieht und nach einer Weile beginnt sie nur den Satz und lässt das Kind ergänzen, was es sieht, bis das Kind das Buch selbst kommentieren kann.

Die Tabelle zur sechsten Phase habe ich in Anlehnung an den Vorschlag von Frost und Bondy (1994) etwas verändert. Es ist einzutragen, welche Frage gestellt wurde oder ob es sich um eine spontane Äußerung handelt, was das Kind antwortet bzw. aussagt und ob dies der Wahrheit entspricht. Auf die Frage "Was siehst du?" nimmt das Kind im ersten Beispiel mit etwas Hilfe die "Ich sehe"-Karte und selbstständig die Bildkarte "Ball". Das zweite Beispiel zeigt, wie das Kind richtig und ohne Hilfe die Frage "Was möchtest du?" beantwortet. Eine spontane Äußerung, in der das Kind mitteilt, dass es einen Ball hat, wird wie im dritten Beispiel dokumentiert.

	Datum	Frage oder spontane Äußerung	"Ich möchte" "Ich sehe" "Ich habe" ...		Gegenstand/Symbol		Kontrolle
1	17.03.	Was siehst du?	"Ich sehe"	T	Ball	+	+
2	...						
3	22.03.	Was möchtest du?	"Ich möchte"	+	Buch	+	+
4	...						
5	25.03.	S	"Ich habe"	+	Banane	+	+
6	...						

Hat ein Kind die sechste Phase des PECS erreicht, so schlagen Frost und Bondy (1994) vor, zusätzliche Sprachkonzepte hinzuzunehmen. Beispielsweise können die Begriffe für Objekt und Tätigkeiten durch zugehörige Adjektive ergänzt werden. Das Kind kann so lernen, z. B. nach einem kleinen, grünen Ball zu fragen oder nach einem großen Stück Kuchen. Zudem können Karten für "ja" und "nein" eingeführt und bei Fragen wie "Möchtest du ...?" oder "Ist das ein ...?" eingesetzt werden. Je nach Situation und Kind können außerdem besondere zusätzliche Karten sinnvoll sein, wie z. B. "Ich brauche Hilfe" oder "Ich möchte allein sein".

Abb. 12: Wunschäußerung mit zusammengestellten Bildkarten auf einem Satzstreifen

4.7 Ergebnisse des PECS

Die Entwicklung der Kommunikation während der Förderung durch das PECS kann zusätzlich zu den einzelnen Tabellen noch in ein Langzeitprofil eingetragen werden. Zu festgelegten Zeitpunkten wird dokumentiert, welche Fähigkeiten bereits erworben wurden (= X), welche momentan trainiert (= /)werden und an welchen noch nicht gearbeitet wird (leeres Feld). Aus nachfolgendem Beispiel wird ersichtlich, dass zum ersten Zeitpunkt bereits keine physische Unterstützung mehr nötig war und die Bezugsperson bereits versuchte, die "Offene Hand" auszublenden. Zum zweiten Zeitpunkt überwindet das Kind schon allein den Abstand zu einer Bezugsperson. Der Weg zur Kommunikationstafel wird gerade trainiert.

PECS – Langzeitprofil

Name: .... Trainer: ....

Zeitraum: ....

Zeitpunkt der 1. Eintragung: .... Zeitpunkt der 2. Eintragung: ....

Zeitpunkt der 3. Eintragung: .... Zeitpunkt der 4. Eintragung: ....

1	2	3	4	Phase I: Der physische Austausch
X	X			Vollständige Unterstützung
X	X			Keine physische Unterstützung
/	X			Keine "Offene Hand"

Phase II: Ausdehnen der Spontaneität

1	2	3	4	
	X			Abnehmen der Karte von der Kommunikationstafel
	X			Erweiterung des Abstandes zwischen Trainer und Kind
	/			Erweiterung des Abstandes zwischen Tafel und Kind

Abb.7: Langzeitprofil des PECS (nach Frost und Bondy, 1994)

Frost und Bondy (1994) führen im Handbuch einige Ergebnisse der Kommunikationsförderung mit dem PECS auf. Demnach haben alle Kinder, die mit dem PECS gearbeitet haben, wenigstens die erste Phase erfolgreich erlernt. Viele dieser Kinder haben diesen ersten Schritt innerhalb der ersten Trainingseinheiten erlernt.
Von den Kindern, die auch die weiteren Phasen erlernt haben und mit 30 bis 100 Bildkarten sicher arbeiten, begannen viele zu einem späteren Zeitpunkt Sprache einzusetzen. In einer Gruppe von 66 Vorschulkindern, die mindestens ein Jahr mit dem PECS gearbeitet haben, haben 58 Kinder begonnen zu sprechen. Ein Großteil davon (44 Kinder) sprach am Ende unabhängig, der kleinere Teil (14 Kinder) sprach mit Bild- oder Wortkarten zur Unterstützung. (Frost & Bondy, 1994, S. 30)

5 Das Picture Exchange Communication System – Die Anwendung

Im Rahmen dieser Studie wurde das Picture Exchange Communication System (PECS) bei drei autistischen Kindern eingesetzt. Es handelt sich dabei um zwei Jungen im Alter von fünf und sechs Jahren und um ein Mädchen im Alter von elf Jahren. Diese drei Kinder sind nichtsprechend und autistisch im Sinne des Frühkindlichen Autismus nach Kanner.

Der Arbeitszeitraum erstreckte sich über sechs Monate, von Oktober 2001 bis März 2002. Schon im Vorfeld hatte ich Kontakte zu Familien mit autistischen Kindern und zu Institutionen, in denen autistische Kinder lernen oder leben, hergestellt, um in Erfahrung zu bringen, ob es sich bei den Kindern um nichtsprechende autistische Kinder handelt und ob die Bezugspersonen an einer Förderung der Kommunikation mit dem PECS interessiert sind. Mitte Oktober standen die drei an der Studie teilnehmenden Kinder fest.

Die Zusammenarbeit lässt sich in drei Bereiche unterteilen: die Phase des Kennenlernens, die Phase der Diagnostik und die Phase der Förderung mit PECS.
Die Kennlernphase begann bei allen drei Kindern Ende Oktober. An jeweils drei Terminen habe ich die Kinder in der Kindertagesstätte, in der Schule bzw. in der Wohngruppe für ca. zwei Stunden besucht. Ein erster Kontakt entstand und die Kinder konnten sich etwas an meine Person gewöhnen. Schon bei diesen ersten Treffen habe ich Beobachtungen zu Verhaltensweisen der Kinder gemacht.
In der Diagnostikphase intensivierte ich diese Beobachtungen, indem ich mich auf jedes Treffen mit bestimmten Fragestellungen vorbereitete. So nutzte ich die folgenden Kontakte, um beispielsweise kommunikatives Verhalten zu beobachten, den Grad der Selbstständigkeit, Motorik, soziales Verhalten und Wahrnehmung. Zudem testete ich konkrete Fähigkeiten und Fertigkeiten bezüglich Motorik, Imitation, Sprach-, Gesten- und Symbolverständnis etc. Weitere Informationen erhielt ich in Gesprächen mit den jeweiligen Bezugspersonen. Die Phase der Diagnostik umfasste bei allen Kindern drei Termine.
Im Januar begann die Phase der Förderung mit PECS. Bei Martin kam es zu zehn und bei Tanja zu elf wöchentlichen Einheiten, bei Robert zu insgesamt 15 Einheiten, da bei ihm die Förderung zeitweise sowohl in der Schule als auch in der Wohngruppe stattfinden konnte.

Die Anwendung des PECS verlief größtenteils nach dem Handbuch von Frost und Bondy (PECS – Picture Exchange Communication System – Training Manual, 1994).

Die Bildkarten und deren Einsatz wurden von mir in den Arbeitseinheiten eingeführt und von mir und den jeweiligen Bezugspersonen trainiert. Dazu habe ich die Bezugspersonen in der Arbeit und der Dokumentation unterwiesen.

Unter 5.1, 5.2 und 5.3 werden die drei Fälle dargestellt. Dies beinhaltet jeweils eine Personenbeschreibung, den Stand der Kommunikationsfähigkeit zu Beginn und die Beschreibung der Kommunikationsförderung mit dem PECS.

5.1 Martin – eine erste Falldarstellung

Ein erster Kontakt zu Martins Familie ergab sich im Sommer 2001 über den Regionalverband "Hilfe für das autistische Kind Leipzig e. V." und die Autismusambulanz Leipzig. In der Vorbereitung zu meiner Diplomarbeit habe ich mich mit der Frage nach ihrem Interesse an einer Kommunikationsförderung mit dem PECS bei ihrem Sohn an die Familie gewandt. Die Familie entschied sich, mit mir zusammenzuarbeiten.

Die Eltern erscheinen mir als sehr interessiert an allen Möglichkeiten der Förderung, die für ihren Sohn Martin in Frage kommen. Da Frau G. aufgrund der Beeinträchtigung ihres Sohnes nicht berufstätig ist, nutzt sie viel Zeit, um sich mit Fördermöglichkeiten zu beschäftigen und diese in ihrem Umgang mit Martin einzubeziehen. In Martins Eltern habe ich gute "Kollegen" gefunden, was die Förderung ihres Sohnes betrifft. Dankbar haben sie Hinweise und Instruktionen zum PECS angenommen und versucht diese umzusetzen. Oft haben sie aus eigenem Antrieb und auch gemessen an eigenen Erwartungen vorgegriffen und Anforderungen an ihren Sohn gestellt, die der momentanen Phase des PECS noch nicht entsprachen. Vorteile und Nachteile, die daraus entstanden, werden an gegebener Stelle diskutiert.
Die Bezugsperson in der Kindertagesstätte ist Frau M. Sie ist ebenfalls an der Förderung von Martin in allen notwendigen Bereichen interessiert. Sie hat erkannt, dass eine Verbesserung der Kommunikation für Martin ein wünschenswertes Ziel ist und deshalb befürwortet, dass ich zu wöchentlich stattfindenden Einheiten in die Kindertagesstätte kommen kann. Auch ihr konnte ich Hinweise und Instruktionen zum PECS geben. Deren Umsetzung erwiesen sich leider aufgrund von Zeitmangel und Organisationsproblemen als schwierig.

Zu Beginn meiner Zusammenarbeit mit Martins Familie und Frau M. stellte ich eine Personenbeschreibung von Martin auf. Die Informationen beruhen auf allgemeinen und zielgerichteten Beobachtungen seines Verhaltens im Kindergarten, auf einigen diagnostischen Untersuchungen und aus Gesprächen mit den Eltern und Frau M.

5.1.1 Personenbeschreibung

Martin ist fünf Jahre alt und besucht einen integrativen Kindergarten. Im Alter von zwei Jahren wurde bei ihm frühkindlicher Autismus diagnostiziert.
Nachfolgend möchte ich folgende Bereiche beschreiben: Stimmung, Kontakt, Sozialverhalten, Emotion, Beschäftigungen, Ausdauer und Aufmerksamkeit, Selbstständigkeit, Wahrnehmung, Motorik, Imitation, Aggression. Auf den Stand der Kommunikationsfähigkeit wird unter 5.1.2 intensiver eingegangen.

Seine *Stimmung* ist meist sehr freundlich, er strahlt viel und ist fast ständig in Bewegung. Manchmal zeigt er sich aber auch unausgeglichen, jammernd und etwas autoaggressiv. Er scheint sich viel in seiner "eigenen Welt" zu bewegen. Oftmals lächelt oder jammert er ohne ersichtlichen Grund für die Beteiligten, er schaut scheinbar durch Personen hindurch und kann die Gegenwart anderer offenbar "ausschalten".

Martin sucht von sich aus den *Kontakt* zu Erwachsenen. Er nimmt sie an der Hand und setzt sich auch manchmal von sich aus auf deren Schoß. Auf Aufforderung macht er "ei" bei anderen Personen und gibt Küsschen. Laut Angaben der Mutter schmust er seit einiger Zeit gern mit den Eltern. Als Kleinkind dagegen habe er auch den Eltern gegenüber Körperkontakt vermieden. Interesse an anderen Kindern zeigt er nicht deutlich. Er meidet den Körperkontakt zu anderen Kindern und scheint sie zu ignorieren, auch wenn er mitten in einer Gruppe steht. Aufmerksamkeit wird dann deutlich, wenn andere Kinder singen (vor allem in "sicherer" Entfernung im Fernsehen).

Das *Sozialverhalten* von Martin zeigt deutliche Auffälligkeiten für sein Alter. Er benutzt wenige soziale Regeln. Er begrüßt oder verabschiedet Personen nur, wenn er von ihnen angesprochen oder dazu aufgefordert wird. Genauso produziert er auch nur dann eine "Bitte"-Geste, wenn er dazu aufgefordert wird und nicht selbstständig in einer angemessenen Situation. Es fällt ihm schwer, in der Gruppe auf die anderen Kinder Rücksicht zu nehmen und zu warten, bis alle mit dem Essen beginnen, nach dem Essen aufstehen oder zum Spaziergang losgehen.

Martin zeigt durch sein Verhalten einige *Emotionen*. So werden z. B. Freude und auch Ärger deutlich. Allerdings ist für andere der Grund für seine Emotionen selten eindeutig. Er jammert oder lacht plötzlich ohne erkennbare Zusammenhänge. Ist er ärgerlich, so fällt es anderen schwer ihn zu trösten. Er beruhigt sich, wenn seinem Willen (wenn dieser erkennbar ist) nachgegeben wird, wenn er abgelenkt wird oder spontan (wieder ohne erkennbare Zusammenhänge). Es konnte keine eindeutige Reaktion auf Emotionen anderer beobachtet werden.

Martin geht selten so genannten sinnvollen *Beschäftigungen* nach. Er spielt weder sozial noch konstruktiv. Wie schon oben erwähnt, ist Martin viel in Bewegung. Er läuft fast ständig im Raum umher, sucht sich dabei verschiedene Gegenstände (z. B. die Deckel von Klebestiften), die er dann befühlt, in den Mund steckt und zwischen den Fingern bewegt. Wird er dazu angeregt, dann malt er auch mit den Fingern oder dem Pinsel, beschäftigt sich eine Weile mit ihm gestellten Aufgaben (z. B. Perlen fädeln) oder schaukelt.

Bei selbst gewählten und favorisierten Beschäftigungen (wie z. B. Spaziergängen) zeigt Martin viel *Ausdauer*. Bei fremdinitiierten Tätigkeiten (wie z. B. Malen) ist die *Aufmerksamkeit* oft nur von kurzer Dauer. Für Dinge, die man ihm in der Entfernung zeigen will (die er beobachten soll), zeigt er kein Interesse (z. B. Drachen am Himmel).

Der Grad der *Selbstständigkeit* ist bei Martin in etwa vergleichbar mit einem zwei- bis dreijährigen Kind. Er isst allein, allerdings ziemlich unsauber. Er geht auf Aufforderung zur Toilette und wäscht sich die Hände. Er zieht sich teilweise allein an und aus, braucht aber in jedem Falle Anleitung (verbale Hinweise) und auch Hilfe.

Im Bereich der *Wahrnehmung* reagiert Martin bei den meisten Reizen nicht sehr auffällig. Er zeigt Interesse für Musik, reagiert auf seinen Namen und andere Geräusche mit Aufmerksamkeit. Den Lärm der anderen Kinder kann er scheinbar ausschalten. Nach Angaben der Mutter war er als Kleinkind erheblich geräuschempfindlicher. Selbst bei alltäglichen Geräuschen wie Husten, Niesen oder dem Läuten des Telefons begann er zu weinen und zu schreien. Er wachte sogar auf, wenn jemand leise an seinem Bett vorbeiging. Visuelle Abneigungen oder Vorlieben sind nicht deutlich zu erkennen. Martin beobachtet oft aufmerksam seine Umgebung. Im Bereich der taktilen Wahrnehmung wurde deutlich, dass er viele Dinge befühlt und in den Mund nimmt. Deutliche Abwehr zeigt er gegen seine Schlafmatte. Er legt sich nur auf dem Bauch darauf, wehrt sich, wenn er auf den Rücken gedreht werden soll und klammert sich daran fest. Es ist nicht deutlich, ob es sich bei dieser Reaktion um taktile Überempfindlichkeit handelt, da er andere Matten aus dem gleichen Material (z. B. im Sportraum) problemlos betritt und sich dort auch auf den Rücken legt. Vorlieben und Abneigungen gegen Gerüche konnten nicht beobachtet werden. Bei Speisen zeigt er auch kaum Abneigungen. Die Mutter berichtet, dass er scharfe und saure Speisen verlangt, obwohl sie ihm offensichtlich nicht schmecken. Für seinen gesamten Körper scheint Martin recht wenig Bewusstsein zu haben. Dies wurde z. B. deutlich, als er versuchte aufrecht durch eine Öffnung zu gehen, für die er sich hätte bücken müssen.

Seine *Motorik* ist weitestgehend altersentsprechend entwickelt. Allerdings läuft er viel auf den Zehenspitzen und zeigt eine Vorliebe für extreme Bewegungen, wie z. B. Rennen, Schaukeln und "Flugzeug" spielen. Manchmal erscheinen seine Bewegungen als sehr sicher (z. B. geht er mit festem Schritt über eine wackelige Hängebrücke auf dem Spielplatz), manchmal aber auch sehr vorsichtig und zögernd (auf Zehenspitzen und fest an der Hand einer Person über einen kleinen Absatz von zwei Stufen). Das Gleiche trifft auch für die Feinmotorik zu. Beschäftigt er sich mit selbst gewählten Objekten, so ist er meist recht geschickt, doch bei anderen Tätigkeiten (wie z. B. beim Essen) wirken seine Bewegungen grob und wenig zielgerichtet.

Martins *Imitationsfähigkeit* konnte bei den ersten Treffen nicht deutlich beobachtet werden. Ansätze in der Imitation von Lauten ("Brrr" der Lippen) und Handlungen (beim Perlen auffädeln) konnten erahnt werde. Da er z. B. die Geste für "Bitte" auf Aufforderung macht, ist davon auszugehen, dass er über Imitationsfähigkeit verfügt.

Martin zeigt selten *Aggressionen.* Manchmal schlägt er sich selbst leicht mit den Händen gegen den Kopf. Er verletzt sich aber nicht dabei und wird gegenüber anderen gar nicht aggressiv.

5.1.2 Stand der Kommunikationsfähigkeit zu Beginn

Nachfolgend sollen Fähigkeiten und Defizite im passiven Sprach- bzw. Informationsverständnis und im Äußern eigener Wünsche und Ablehnungen beschrieben werden. Diesbezügliche Angaben ergaben sich aus zielgerichteter Beobachtung und Gesprächen mit den Bezugspersonen.

Bei Martin wurden keine Defizite in der akustischen Wahrnehmung diagnostiziert. Wie oben (5.1.1 Personenbeschreibung) erwähnt, liegt bei ihm hier eher eine Übersensibilität vor. Trotzdem reagiert er nicht immer auf verbale Ansprache und akustische Reize. Er kann sie offenbar ausschalten und ignorieren. Oftmals ist deutlich zu erkennen, dass er es registriert, wenn er angesprochen wird. Er dreht sich manchmal um, wenn sein Name gerufen wird und reagiert richtig auf gestellte Aufforderungen, wie z. B. "Setz dich hin!", "Zieh den Schuh aus!", "Hol deine Jacke!". Dabei konnte beobachtet werden, dass er die richtige Handlung auch dann ausführt, wenn die Aufforderung nicht durch Gesten verstärkt oder durch Hilfestellung schon angebahnt wurde. Es ist davon auszugehen, dass er über ein gewisses Sprachverständnis verfügt. Da er jedoch auch nicht immer auf die Aufforderungen reagiert, die er mit Sicherheit versteht (da er in anderen Situationen durchaus richtig agiert), ist der Umfang seines Sprachverständnisses schwer einzuschätzen. Wie schon erwähnt, sind Gesten für ihn als Zusatz zur Sprache zum besseren Verstehen nicht unbedingt notwendig. Im Gegenteil, es konnte nicht eindeutig beobachtet werden, ob er Hinweise durch Gesten ohne Sprachbegleitung richtig versteht. Ebenso ist zu Beginn des Kontaktes unklar, ob er über Verständnis für Symbole verfügt. In der Kindertagesstätte existieren für ihn schon seit geraumer Zeit Symbole für die Toilette (Bild einer Toilette), für das Essen (Bild eines Tellers mit Messer und Gabel) und das Spazieren gehen (Bild einer Jacke). Diese wurden und werden ihm bei den passenden Gelegenheiten gezeigt. Beim Versuch, ihm nur durch das Zeigen auf das Symbol auf die bevorstehende Tätigkeit hinzuweisen, reagiert er nicht angemessen, geht z. B. an der Toilette vorbei. Dies kann auf ein fehlendes Symbolverständnis zurückzuführen oder ebenso wie beim Sprachverständnis von Situation zu Situation unterschiedlich sein.

Martin ist nichtsprechend. Er kann einige Laute (Vokale, Lall-Laute ...) und Lautverbindungen (Silbenverdopplungen wie "mamam", "dadada") produzieren. Nachfolgend werden diese als unartikulierte Lautäußerungen bezeichnet. Zum weiteren Ausdrücken von Wünschen und Abneigungen benutzt Martin hauptsächlich Handlungen und Verhaltensänderungen. Mimik und Gestik werden kaum eindeutig zur Kommunikation eingesetzt.

Anhand des "Fragebogens zum Stand der Kommunikationsfähigkeit"[21] konnte ausgearbeitet werden, welche Mittel Martin zur Kommunikation einsetzt und in welchem Umfang.
Es wurde deutlich, dass Martin in allen Situationen weder Lautsprache noch schwer verständliche Lautsprache einsetzt. Die insgesamt am meisten benutzte Form der Kommunikation ist bei ihm das Äußern unartikulierter Laute. Danach folgen: weiteres Verhalten/weitere Handlungen[22], keine Reaktion, Führen mit der Hand, Gestik/Zeigen und Blickverhalten.

Den *Wunsch nach gemeinsamer Handlung oder nach Herstellung von Kontakt* drückt Martin entweder durch unartikulierte Laute, durch das Führen mit der Hand oder gar nicht deutlich aus. Dabei unterscheidet sich sein Verhalten in Bezug auf Kinder und Erwachsene. Der Wunsch nach Kontakt zu Erwachsenen wird deutlich, der zu Kindern nicht (da er möglicherweise gar nicht besteht).

Möchte er *einen Erwachsenen zum Handeln auffordern*, so bedient er sich hauptsächlich unartikulierter Laute, der Gestik oder des Führens der Hand des Erwachsenen. Blickverhalten und weitere Handlungen (Aggression und zum gewünschten Ziel gehen) werden vereinzelt eingesetzt. Schwer zu erkennen ist bei Martin, wenn er möchte, dass ihm jemand etwas vorliest oder erzählt. Hier stellt sich wiederum die Frage, ob der Wunsch besteht (und nicht erkannt wird) oder gar nicht besteht.

Um sich den *Zugang zu Nahrung und Gegenständen* zu ermöglichen, benutzt Martin hauptsächlich unartikulierte Lautäußerungen, aber auch Blickverhalten und weitere Handlungen (Schreien, Umhergehen, jemandem einen Gegenstand zum Öffnen geben) und z.T. mit der Hand führen und etwas Gestik. Es ist nicht deutlich zu beobachten, wenn Martin möchte, dass Radio oder Fernseher eingeschaltet werden bzw. dass er Spielsachen oder Bücher erhält.

Mit Hilfe von unartikulierten Lauten und weiterem Verhalten wie Schreien, auf den Boden setzen, Ignorieren oder Aggressivität zeigt Martin *Protest und Widerspruch.*

---

[21] Dieser Fragebogen wurde von der AG Kommunikationsförderung der Universität Leipzig am Institut für Förderpädagogik unter Leitung von Frau Prof. Dr. Heidemarie Adam ausgearbeitet.

[22] Martin nutzte folgende Handlungen zur Kommunikation: zum Ziel gehen, Aggressivität, Umherlaufen/Unruhe, Schreien, jemandem einen Gegenstand geben, auf den Boden setzen, Lachen, Weinen/Jammern, körperliche Anspannung, Ignorieren/Weggehen.

Das Führen mit der Hand setzt er ein, wenn ein Erwachsener etwas beendet, er aber möchte, dass dies fortgeführt wird. Unterbleibt eine vertraute oder gewohnte Handlung, ist keine deutliche Reaktion im Sinne eines Widerspruches zu erkennen. Anzumerken ist hier noch, dass Martin als Zeichen von Protest auch Personen von einem Ort wegzieht (wenn sich diese z. B. gerade mit einer anderen Tätigkeit beschäftigt und Martin spazieren gehen möchte) oder er beginnt, sich selbst Mütze, Schal oder Schuhe auszuziehen (z. B. wenn es ihm zu lange dauert, ehe der Spaziergang losgeht und er auf andere warten muss).

Erklärungen und Kommentare sind durch sein Verhalten vor allem dann nicht deutlich zu erkennen, wenn er will, dass man etwas anschaut und wenn er um seine Meinung gefragt wird. Dass er etwas zeigen möchte, verdeutlicht er mit Lauten, etwas Gestik und Handführung.

Wiederum gehäuft durch unartikulierte Laute werden *Gefühle und Befindlichkeiten* ausgedrückt. Wenn sich Martin freut, kommt ein Lachen hinzu, ist er traurig, dann weint er. Angst wird auch durch körperliche Anspannung deutlich und seine Wut, wenn er schreit und sich auf den Boden setzt. Nicht deutlich zu erkennen sind Schmerz und Unwohlsein.

Martin setzt keine der oben genannten Kommunikationsmittel ein, um *Fragen und Erlebnisse* mitzuteilen.

5.1.3 Einsatz des PECS – Arbeitsweise, Entwicklung und Ergebnisse

Vom 8. Januar bis zum 23. März wurden im Rahmen dieser Diplomarbeit bei Martin Fähigkeiten und Fertigkeiten des PECS trainiert. Anbahnung und Übung des Einsatzes der Bildkarten zur Kommunikation fand in elf Einheiten statt. Er entwickelte kommunikative Fähigkeiten, welche der dritten Phase des PECS entsprechen. Am Ende arbeitete er mit 19 Bildkarten und setzt diese in der Kindertagesstätte und auch zu Hause ein. Das Training fand bis auf eine Ausnahme in der Kindertagesstätte statt. Frau M., seine Bezugsperson, wurde in das Training miteinbezogen und angeleitet. Durch regelmäßige Gespräche mit den Eltern konnte das Training auch im häuslichen Bereich begleitet und unterstützt werden.

Die Dokumentation der Ergebnisse zu den einzelnen Phasen wurde von Frau M., den Eltern und mir in den zugehörigen Tabellen vorgenommen. Weitere Beobachtungen

und Informationen wurden ebenfalls notiert. Über den gesamten Zeitraum der Kommunikationsförderung mit dem PECS wurde ein Langzeitprofil erstellt.
Die Durchführung des PECS wird anhand der einzelnen Phasen dargestellt. Es wird jeweils beschrieben, wie die Phase eingeführt und trainiert wurde und welche Erfolge und Probleme auftraten. Dabei ist zu beachten, dass die Phasen fließend ineinander übergingen und teilweise zeitgleich trainiert wurden.

Die *Phase I des PECS* wurde vom 8. Januar bis zum 5. Februar 2002 trainiert.
Während der ersten Trainingssitzung wurde der Austausch einer Bildkarte gegen ein Objekt eingeführt. Dazu saßen Martin und ich auf der einen Seite des Tisches und Frau M. auf der anderen. In der Reichweite von Martin befand sich die Bildkarte "Trinken" und außerhalb seiner Reichweite befand sich ein Getränk. Sobald deutlich wurde, dass Martin an dem Getränk interessiert ist, half ich ihm die Bildkarte aufzunehmen, zu Frau M. zu reichen und abzugeben. Zu Beginn führte ich seine Hand bei der gesamten Bewegung.
In den folgenden vier Wochen wurden sowohl in der Kindertagesstätte als auch im Elternhaus die Fähigkeiten der Phase I trainiert. Dies geschah mit verschiedenen Objekten, wie z. B. einem Stiefel, Joghurt, einem Apfel, einer Banane. Die Bezugspersonen gaben Martin dabei die Unterstützung die notwendig war, um den Austausch erfolgreich zu gestalten.
Martin hat offensichtlich innerhalb der ersten Wochen das System des PECS verstanden und gelernt, eine Bildkarte gegen einen Gegenstand einzutauschen. Die vollständige physische Unterstützung konnte bis Ende Januar ausgeblendet werden und es ergaben sich Sequenzen, in denen Martin auch ohne das Angebot durch die "Offene Hand" richtig agierte.
Sowohl in der Kindertagesstätte als auch im Elternhaus traten jedoch auch Probleme auf. So zeigte Martin zeitweise Ablehnung gegen den Einsatz der Bildkarten. Er wandte sich dann von der Bezugsperson ab, jammerte oder versuchte die Bildkarten zu zerknicken. So kam es zu Situationen, in denen Martin deutlich ein bestimmtes Objekt wollte, dies aber nicht bekam, da der Austausch auch mit Unterstützung nicht erfolgreich durchgeführt werden konnte. Andererseits nahm er manchmal eine Karte auf und gab sie an eine Bezugsperson, ohne danach für das zugehörige Objekt Interesse zu zeigen.
Das Kommunikationstraining wurde weiterhin durch seinen hohen Grad an Aktivität beeinträchtigt. Aufmerksamkeit und Interesse von Martin sind schwer zu lenken,

wenn er im Raum umher geht. So kam es dazu, dass er teilweise Bildkarten scheinbar im Vorbeigehen aufnahm oder er versuchte an das Objekt zu kommen, ohne die Bildkarte einzusetzen.
Beim Training mit den Eltern zeigte er manchmal nur auf eine Bildkarte, anstatt diese aufzunehmen. Diese beantworteten den Wunsch meist, ohne die tatsächliche Abgabe der Karte zu verlangen. Leider wurden alle Versuche der ersten Phase von den Eltern nicht dokumentiert.
In der Kindertagesstätte wurden die Bildkarten nur selten eingesetzt. Auch Frau M. berichtete von Martins großer Abneigung gegen die Bildkarten in den ersten Wochen.

Vom 30. Januar bis zum 19. März 2002 wurde die *Phase II des PECS* trainiert.
Am 30. Januar wurde in der Arbeit mit Martin erstmalig die Kommunikationstafel eingesetzt. Um den Austausch einer Bildkarte gegen das zugehörige Objekt erfolgreich zu gestalten, war zu Beginn vollständige physische Unterstützung nötig.
Der Einsatz der Kommunikationstafel wurde nicht von allen Bezugspersonen konsequent trainiert. So wurden Martin die Bildkarten z. T. weiterhin auf dem Tisch angeboten. Erst im Zusammenhang mit Phase III wurde ab Ende Februar wieder verstärkt die Kommunikationstafel eingesetzt. Zum weiteren Training wurden Martin diverse Hilfestellungen gegeben, damit er auf eine Bildkarte an der Kommunikationstafel aufmerksam wird, diese abnimmt und an eine Bezugsperson abgibt. So wurde ihm die "Offene Hand" angeboten, eine Zeigegeste zur Tafel bzw. eine verbale Aussage zu einem beliebten Objekt gemacht, welches er bekommen konnte.
Martin zeigte keine Schwierigkeiten, das Abnehmen einer Bildkarte von der Kommunikationstafel zu erlernen. Zudem wurde schnell deutlich, dass Martin von der Kommunkationstafel gezielter eine Bildkarte abnahm als vom Tisch. Es fiel ihm leichter, sich für eine Bildkarte zu entscheiden und es kam nicht mehr dazu, dass er zwei Karten nahm und gegen ein Objekt austauschen wollte.
Als problematisch erwies sich Martins erhöhte Unruhe bei meinem Versuch, den Abstand zu ihm zu erweitern. Er wurde deutlich unaufmerksamer und zeigte Probleme beim Durchführen des Austausches. Er ließ sich leichter ablenken und benötigte mehr Hilfestellung als bei geringem Abstand.

Auch die *Phase III des PECS* wurde vom 30. Januar bis zum 19. März 2002 trainiert. Schon in der ersten Woche wurden Martin von seinen Eltern Bildkarten zur Auswahl angeboten. Sie berichteten, dass er von Beginn an häufig relevante Objekte auswähl-

te. In meinem Training mit Martin begann ich ab dem 30. Januar das Auswählen einzusetzen.
In der Kindertagesstätte und auch im Elternhaus wurden Martin häufig mehrere Bildkarten (zwei bis vier) zur Auswahl angeboten. Die zugehörigen Objekte befanden sich dabei in seiner Sichtweite, aber nicht in Reichweite. Die Eltern haben ihm oft auch Bildkarten angeboten, wenn sich die zugehörigen Objekte nicht in der Nähe befanden. Als Hilfestellung wurde ihm die "Offene Hand" gezeigt und verstärkt darauf hingewiesen, um welches Objekt es sich handelt (Objekte benennen, zeigen und auf zugehörige Bildkarte hinweisen).
Im Laufe des Trainings zeigten sich einige Erfolge. Die Eltern berichteten z. B. mehrfach davon, dass Martin zielsicher Bildkarten auswählte, auch ohne zu wissen, dass die gewünschten Objekte zu haben sind. Häufig stimmte dann auch die Bildkarte mit dem tatsächlich gewünschten Objekt überein. Am 26.Februar hat Martin erstmals ohne Hilfe eine Bildkarte von der Kommunikationstafel ausgewählt (drei Bildkarten zur Auswahl) und gegen das zugehörige Objekt eingetauscht.
Neben den Erfolgen zeigte Martin auch in dieser Phase Schwierigkeiten. Wurden Martin Bildkarten auf dem Tisch angeboten, dann hat er öfter nur auf eine Karte gezeigt, anstatt sie aufzunehmen und an eine Bezugsperson abzugeben. Teilweise nahm er auch alle ihm angebotenen Karten und gab diese an eine Bezugsperson, auch wenn er nur ein beliebtes Objekt wirklich haben wollte. Leider reagierte Frau M. darauf, indem sie ihm das gewünschte Objekt aushändigte ohne ihm zu verdeutlichen, dass er um mehrere Objekte gebeten hat. Auch bei den Eltern nahm er manchmal mehrere Bildkarten gleichzeitig. Seine Mutter wies ihn dann zurück oder wählte selbst deutlich eine Bildkarte aus und gab ihm das zugehörige Objekt.

5.2 Robert – Eine zweite Falldarstellung

Der Kontakt zu Robert entstand nach einer Anfrage bezüglich meiner Diplomarbeit in einem Heim für geistig behinderte Kinder. Durch ein Praktikum 1999 in dieser Einrichtung wusste ich, dass dort viele Kinder und Jugendliche mit Autismus und autistischen Zügen leben. Bei einem Besuch überlegte ich gemeinsam mit der Gruppenleiterin Frau G., ob Robert für eine Kommunikationsförderung in Frage kommt. Da Robert erst seit kurzer Zeit im Wohnheim lebte, kannten ihn die dortigen Betreuer noch nicht sehr gut und waren sich anfangs nicht sicher, ob es sinnvoll ist, mich als weitere Bezugsperson hinzuzuziehen. Nach Gesprächen mit seiner Klassenlehrerin Frau S. einigten wir uns anfangs auf eine Zusammenarbeit mit mir als "Vermittler" zwischen

Schule und Wohnbereich. Die in der Schule eingesetzten Fördermöglichkeiten wurden von mir dort beobachtet und ins Heim übertragen. So ergab sich für mich die Möglichkeit, weitere Arbeitsweisen kennen zu lernen. Parallel dazu konnte ich nach und nach eigene Ideen und den Einsatz des PECS mit einbringen. Durch die gleichzeitige Arbeit in Schule und Wohnbereich ergaben sich mehr Termine als bei den anderen beiden Kindern und somit andere Förderbedingungen.
Direkter Kontakt zu den Eltern bestand während meiner Arbeit nicht. Allerdings wurden sie sowohl von der Schule als auch den Mitarbeitern der Wohngruppe über den Einsatz des PECS unterrichtet und teilweise in diesen eingewiesen.
Die Informationen zur Personenbeschreibung Roberts ergaben sich aus Gesprächen mit Frau G. und Frau S. sowie aus allgemeinen und zielgerichteten Beobachtungen bzw. diagnostischen Untersuchungen.

5.2.1 Personenbeschreibung

Robert ist sechs Jahre alt, nichtsprechend, lebt seit einigen Monaten in oben genanntem Heim und besucht seit Herbst 2001 eine Schule für geistig behinderte Kinder und Jugendliche. Im Alter von vier Jahren wurde bei Robert eine Kontakt- und Kommunikationsstörung mit autistischen Zügen diagnostiziert. Ich vermute, dass es sich bei ihm um Frühkindlichen Autismus im High-Functioning-Bereich handelt.
Roberts derzeitiger Entwicklungsstand soll anhand folgender Bereiche dargestellt werden: Stimmung, Kontakt, Sozialverhalten, Emotion, Beschäftigungen, Ausdauer und Aufmerksamkeit, Selbstständigkeit, Wahrnehmung, Motorik, Imitation und Aggression. Auf den Stand seiner Kommunikationsfähigkeit wird unter 5.2.2 eingegangen.

Roberts *Stimmung* ist meist freundlich. Er zeigt sich oft aufmerksam und wach. Teilweise ist er scheinbar überdreht und in anderen Momenten eher ruhig und zurückgezogen. Manchmal erscheint es, als ob er seine Umwelt ausschalten kann, manchmal sucht er aber auch den *Kontakt* zu anderen. Auf Erwachsene geht er zu, wenn er Hilfe benötigt, etwas haben möchte oder gestreichelt werden will. Diesen von sich aus initiierten Körperkontakt mag er und fordert ihn ein. Körperkontakt zu anderen Kindern lehnt er selten ab. Er lässt sich beispielsweise sehr gerne von anderen kitzeln. Er selbst ist jedoch weder beim Streicheln noch beim Kitzeln aktiv. Blickkontakt hält er oft nur kurzzeitig, wenn er angesprochen wird oder wenn er etwas möchte und so auf Aufmerksamkeit wartet.

Roberts Formen des *Sozialverhaltens* entsprechen nicht denen gleichaltriger Kinder. Er benutzt beispielsweise keine Gesten für "Bitte" oder "Danke". Bei der Begrüßung und Verabschiedung gibt er der anderen Person flüchtig die Hand, nimmt dabei selten Blickkontakt auf und muss meist vom anderen dazu aufgefordert werden. Bei gemeinsamen Aktivitäten kann er eine bestimmte Zeit ruhig sein und abwarten. Dauert es ihm beispielsweise beim Essen zu lange, wird er unruhig, rutscht unter den Tisch und gibt unartikulierte Laute von sich.

Robert nutzt einige Möglichkeiten, um *Emotionen* auszudrücken. Freude ist ihm deutlich anzusehen, am Lachen und auch an "Freudensprüngen". Seine Abneigung gegen Dinge oder Tätigkeiten zeigt sich sehr deutlich in seiner Mimik. Es gibt auch Situationen, in denen er für andere unverständlich reagiert und ohne ersichtlichen Grund oder Auslöser Freude oder Ärger zeigt. Robert beobachtet emotionale Reaktionen anderer. Von wütenden und schreienden Kindern ist er scheinbar fasziniert. Er erfreut sich teilweise an der Wut anderer und geht zum Ort des Geschehens.

Zu den von Robert selbst initiierten *Beschäftigungen* gehört in erster Linie das Bewegen von kleinen Gegenständen zwischen seinen Fingern. Legosteine, Puzzleteile oder sonstige Gegenstände werden gedreht, geschnipst oder von einer Hand in die andere geworfen. Diese Tätigkeit führt er mit fast allen Dingen (beispielsweise auch mit Essen) an jeglichem Ort und zu jeglicher Zeit durch. Wesentlich seltener nimmt er selbstständig Bücher oder Zeitschriften zur Hand, blättert, wedelt mit den einzelnen Seiten und beklopft diese. Werden ihm andere Tätigkeiten angeboten, nimmt er diese je nach Stimmung an oder wendet sich ab und bleibt bei seinem Spiel. Häufig ist er allerdings schwer zu motivieren, zu puzzeln oder Memory zu spielen, obwohl er beides gut kann. Eher begeistert ist er von körperlich aktiveren Spielen, wie z. B. dem gemeinsamen Springen auf dem Trampolin.

Roberts *Ausdauer und Aufmerksamkeit* sind sehr wechselhaft. Dies hängt von Tageszeit und Gesamtstimmung ab und auch davon, ob die Tätigkeit von ihm selbst gewählt und gewollt ist oder von Betreuern verlangt und erwartet wird. Wird er zu einer Sache aufgefordert, die er nicht gern tut, so ist sehr viel Unterstützung und Ermutigung nötig, damit er die Aufgabe zu Ende führt und die Aufmerksamkeit nicht schwindet. Dagegen kann er bei selbst gewähltem stereotypem Spiel lange Zeit mit einem Gegenstand beschäftigt bleiben. Ebenso zeigt er eine enorme Ausdauer bei Bewegung jeglicher Art, wie z. B. Trampolin springen, Laufen und Hüpfen.

Robert zeigt eine gewisse *Selbstständigkeit* in einigen Bereichen des täglichen Lebens. Er isst allein und braucht nur teilweise Unterstützung beim Brotschmieren etc. Allerdings nimmt er sich das Essen oder Trinken nicht selbst, auch wenn es in Reichweite steht und er es motorisch könnte. Ist er noch hungrig, so wartet er, bis ihm noch etwas angeboten wird. Dauert ihm dies zu lange, wird er unruhig. Viele Vorgänge des An- und Auskleidens und der Körperpflege kann er selbstständig durchführen, allerdings braucht er oft verbale Anleitung bzw. die Aufforderung, etwas zu beginnen oder weiterzuführen, da er sonst mitten im Ablauf stoppt und sich ablenkt.

Seine *Wahrnehmung* ist nicht offensichtlich extrem über- oder untersensibel. Es ist zu beobachten, dass er sehr gut auf akustische Reize reagiert. Er lauscht bei verschiedenen Geräuschen, beachtet auch Hintergrundgeräusche wie den Geschirrspüler, die Straßenbahn oder ähnliches. Er freut sich meist über Musik und reagiert deutlich, wenn er angesprochen wird. Es gibt keine Hinweise, dass er bestimmte Geräusche als störend empfindet. In den Bereichen der visuellen und der olfaktorischen Wahrnehmung wurden keine Besonderheiten ersichtlich. In der Gustatorik ist auffallend, dass er kaum Süßes oder Obst isst und keine Milch trinkt. Insgesamt hat er einige bevorzugte Lebensmittel und weigert sich häufig neue Dinge zu probieren. Im taktilen Bereich ist Robert sehr empfänglich für Berührungen der Arme, Füße, des Nackens und gelegentlich auch Bauch und Rücken. Er genießt das Streicheln, Beklopfen und Massieren und fordert dies auch ein. Deutliche Abneigungen gegen bestimmte Stoffe konnten nicht beobachtet werden. Seine propriozeptive Wahrnehmung liegt sicher im Normalbereich oder ist eher untersensibel.

Er mag extreme Bewegungen, wie Trampolin springen, Rennen oder Hüpfen. Zugute kommt ihm dabei seine normal entwickelte *Motorik.* Er ist weder grob- noch feinmotorisch auffällig. Beim stereotypen Spiel mit Kleinspielzeug zeigt Robert sogar große Geschicklichkeit. Insgesamt scheint er seinen Körper recht gut selbst wahrzunehmen.

Roberts Fähigkeit zur *Imitation* wurde nicht konkret getestet. Im Allgemeinen ist aber zu beobachten, dass er auf Aufforderungen reagiert und Verhalten oder Bewegungen anderer nachahmen kann.

Robert zeigt insgesamt kaum *Aggressionen.* Ihm ist deutlich anzumerken, wenn ihm eine Situation nicht gefällt. Allerdings wird er dann meist weder gegen sich noch gegen andere aggressiv. In der Schule wurde berichtet, dass er bei sehr hohen Anforderungen in seltenen Fällen aggressiv wird und Bezugspersonen beißt.

5.2.2 Stand der Kommunikationsfähigkeit zu Beginn

An dieser Stelle soll ein Überblick über Roberts aktive und passive Kommunikationsfähigkeiten gegeben werden.
Roberts Sprachverständnis ist offensichtlich sehr gut. Er reagiert auf sprachliche Aufforderungen meist sofort, auch ohne den Einsatz zusätzlicher Gesten. Auch komplexere sprachliche Hinweise versteht er. Ich habe ihn in einer Situation nebenbei darauf hingewiesen, dass er seinen Strumpf linksherum trägt. Daraufhin hat er ihn sofort ausgezogen und richtig angezogen. Es ist davon auszugehen, dass sein Sprachverständnis weitestgehend altersentsprechend ist. Daraus resultiert, dass Gesten als Sprachersatz nicht notwendig sind. Angaben zu seinem Gestenverständnis können nicht gemacht werden. Symbole werden bei Robert eingesetzt, um ihm den Ablauf seines (Schul-)Tages zu verdeutlichen. Wird er sprachlich auf ein Symbol hingewiesen, reagiert er darauf. Er setzt aber bisher Symbole noch nicht von sich aus zur Kommunikation ein.

Robert äußert selbst unartikulierte Laute und Lautverbindungen, wie z. B. ein mehrfach wiederholtes "hui hui hui". Frau S. berichtet, dass er sehr selten das Wort "Mama" sagt. Es ist nicht bekannt, dass er andere Worte spricht oder bisher gesprochen hat.
Während der Diagnostikphase zu Beginn des ersten Schuljahres wurde festgestellt, dass Robert bereits über Buchstabenkenntnis verfügt. In der Schule wird seitdem Gestützte Kommunikation angebahnt (vgl. 2.3.5 Facilitated Communication). Da diese Möglichkeit aber momentan für ihn noch nicht zur Kommunikation in verschiedenen Bereichen zur Verfügung steht, wird sie nachfolgend nicht als kommunikatives Mittel berücksichtigt.
Die Auswertung des Fragebogens zum Stand der Kommunikationsfähigkeit stellt dar, welche kommunikativen Mittel Robert in welchen Situationen einsetzt. Es ist zu erkennen, dass Robert neben den zusätzlichen Handlungen und Verhaltensweisen[23] am häufigsten über das Blickverhalten kommuniziert. Zudem benutzt er unartikulierte

[23] Robert benutzt folgende Verhaltensweisen zur Kommunikation: auf jemanden zugehen, Abwarten, Unruhe, Jammern/Weinen, deutliche Mimik, Aggressionen, Abwenden/Weggehen, Lachen/ Lächeln, Hüpfen.

Äußerungen, Handführung und in seltenen Fällen konkrete Gestik. Er benutzt weder Lautsprache noch schwer verständliche Lautsprache und in relativ vielen Situationen ist seine Absicht unklar, da er keine deutliche Reaktion zeigt.

Seinen *Wunsch nach gemeinsamer Handlung oder nach Herstellung von Kontakt* zu einem Erwachsenen zeigt Robert deutlich durch Blickkontakt und Handführen. Er führt die Hand des Betreuers gezielt zu der Stelle, wo er beispielsweise gestreichelt werden möchte. Begleitet wird sein Verhalten dann teilweise von unartikulierten Lautäußerungen. Sucht er Kontakt zu anderen Kindern, so geht er auf diese zu und initiiert Körperkontakt. Er selbst streichelt oder kitzelt andere Personen nicht, fordert dies aber bei ihm selbst ein und genießt es offensichtlich.

Möchte Robert einen *Erwachsenen zum Handeln auffordern*, so tut er dies teilweise durch Handführen, Blickkontakt oder Gestik. Braucht er Hilfe beim An- oder Ausziehen, so zeigt er der Bezugsperson konkret, wo die Hilfe nötig ist. Robert drückt einen Wunsch nach einer gemeinsamen Handlung, wie Buch anschauen, spielen oder spazieren gehen, nicht deutlich aus. Es ist zu hinterfragen, ob ein solcher Wunsch bei ihm vordergründig besteht. Geht es um eine besonders beliebte Tätigkeit, wie z. B. Trampolin springen, so zeigt er seinen Wunsch durch Blickkontakt und Handführen an.

Um sich *Zugang zu Nahrung und Gegenständen* zu ermöglichen nimmt Robert häufig Blickkontakt auf. Manchmal deutet er mit einer Geste an, dass er einen Gegenstand haben will oder lässt an seinem unruhigen Verhalten oder seiner abwartenden, gespannten Haltung erkennen, dass er etwas möchte und darauf hofft, dass es ihm angeboten wird. Es ist nicht eindeutig zu erkennen, wenn er Hilfe zum Öffnen eines Behälters benötigt oder wenn er möchte, dass Radio oder Fernseher eingeschaltet werden.

Häufig verwendete Formen zum Verdeutlichen von *Protest und Widerspruch* sind bei Robert Jammern und eine ausgeprägte Mimik, die sehr deutlich erkennen lässt, dass er mit der momentanen Situation nicht einverstanden ist. Wird er mitgenommen, ohne dass er es will oder beendet ein Erwachsener eine Handlung (z. B. seinen Rücken zu streicheln), so zeigt er durch Handführung seinen Willen an. Soll Robert etwas tun, was er nicht möchte, so wendet er sich ab und geht weg. Gelegentlich reagiert er auch aggressiv, indem er schreit und die Bezugsperson beißt oder kneift.

Robert gibt kaum deutliche *Erklärungen und Kommentare* ab. Als Zeichen seiner Zustimmung benutzt er manchmal die Geste "Klatschen". Dies setzt er ein, wenn er gezielt gefragt wird, wie ihm beispielsweise die Musik gefällt.

Um *Gefühle und Befindlichkeiten* zu zeigen, nutzt Robert je nach Situation spezifische Handlungen und Verhaltensweisen. Freut er sich und fühlt sich wohl, so ist dies einerseits an seinem Lachen zu erkennen, aber auch daran, dass er freudig herumspringt. Trauer und Wut zeigt er durch Weinen und Jammern, Angst und Schmerz durch deutliche Mimik, wie z. B. weit aufgerissene Augen und einen leidenden Blick.

Robert nutzt seine kommunikativen Fähigkeiten kaum, um konkrete *Fragen* zu stellen und von *Erlebnissen* zu berichten. Eine Frage ist manchmal an seinem Blickverhalten abzulesen, wenn er den Blick zwischen einer Bezugsperson und einem gewünschten Gegenstand oder Nahrungsmittel hin und her schwenkt und damit vermutlich fragen möchte, ob er dies bekommen kann.

5.2.3 Einsatz des PECS – Arbeitsweise, Entwicklung und Ergebnisse

In der Zeit vom 8. Januar bis zum 23. März 2002 fand mit Robert das PECS-Training im Rahmen der vorliegenden Arbeit statt. In insgesamt 15 Einheiten durch mich und weiterem Training durch Bezugspersonen wurden die Fähigkeiten und Fertigkeiten der Phasen I bis III angebahnt. Die Förderung fand sowohl in der Wohngruppe als auch in der Schule statt. Die Lehrerin Frau S., die Gruppenleiterin Frau G. und weitere Mitarbeiter der Wohngruppe wurden in die Arbeit eingewiesen und teilweise angeleitet. Am Ende arbeitete Robert mit ca. 20 verschiedenen Bildkarten in vertrauter Umgebung mit diversen Bezugspersonen.
Die Tabellen zu den einzelnen Phasen dienten als Mittel der Dokumentation. Zudem habe ich ein Langzeitprofil erstellt und Informationen und Beobachtungen notiert.
Die Anbahnung und das Training der einzelnen Phasen des PECS sowie Erfolge und Probleme der Förderung werden beschrieben. Dabei ist zu beachten, dass die Phasen fließend ineinander übergingen und teilweise zeitgleich trainiert wurden.

Die *Phase I des PECS* wurde vom 15. Januar bis zum 4. Februar 2002 trainiert.
Zu Beginn des Trainings der ersten Phase habe ich eine Bildkarte für Chips eingesetzt. Frau G. saß dabei mir und Robert am Tisch gegenüber. In Roberts Reichweite befand sich die Karte "Chips" und außerhalb der Reichweite lag die zugehörige Tüte. Beim ersten Austausch der Bildkarte für die Chips gab ich ihm physische Unterstüt-

zung und Frau G. hielt ihm die "Offene Hand" entgegen. Bereits beim zweiten Austausch konnte die physische Stütze ausgeblendet werden.
Zum Training der Fähigkeiten der ersten Phase wurden Robert in den folgenden Wochen sowohl in der Wohngruppe als auch in der Schule mehrfach Bildkarten angeboten, wenn zu erkennen war, dass er etwas Bestimmtes haben möchte. Zu den ersten Objekten, mit denen der Austausch durchgeführt wurde, gehörten ein Buch, eine Zeitschrift und Chips. Im Kontakt mit allen Bezugspersonen war nach der ersten Sitzung keine physische Unterstützung mehr nötig. Da Robert über ein sehr hohes Sprachverständnis verfügt, wurden ihm viele Hinweise verbal gegeben. Zudem wurde die "Offene Hand" angeboten, um Robert den Hinweis zum Austausch der Bildkarte zu geben. Diese Geste wurde vor dem Übergang zur nächsten Phase noch nicht abgebaut.
Robert hat sehr schnell den Austausch der Bildkarte gegen ein Objekt verstanden und dies auch innerhalb der ersten Wochen mit mehreren Bezugspersonen angewendet. Die physische Unterstützung war ab der zweiten Sitzung nicht mehr notwendig.
Allerdings zeigte Robert in seinem gesamten Verhalten große Unruhe und wenig Aufmerksamkeit. Dies beeinträchtigt auch die Förderung der Kommunikation mit dem PECS, da es Robert schwer fällt, sich lange auf ein Objekt oder eine Tätigkeit zu konzentrieren. Fragt er also mit einer Bildkarte nach einem Buch, so beschäftigt er sich dann nur kurzzeitig damit und verliert schnell wieder das Interesse. Es bleibt unklar, ob er das Buch wirklich wollte.
Weiterhin wurde von allen Bezugspersonen beobachtet, dass die Bildkarten an sich für ihn als Spielgegenstände interessant sind. Anstatt die Bildkarte an eine Bezugsperson abzugeben, begann Robert in einigen Situationen damit zu spielen (die Karte zu schnipsen, zu beklopfen etc.). Das Interesse am Objekt war dann scheinbar geringer als das Interesse an der Bildkarte.
In einer Sitzung habe ich beobachtet, dass er mir Bildkarten für Objekte gab, mit denen er sich dann doch nicht beschäftigte. Ich hatte dann den Eindruck, dass er die Bildkarten abgibt, weil er denkt, dass ich dies erwarte und nicht als Abbild seines eigenen Wunsches.

Vom 22. Januar bis zum 25. März 2002 wurde die *Phase II des PECS* trainiert.
Bei der Fördereinheit am 22.Januar habe ich erstmalig die Kommunikationstafel eingesetzt und versucht, den Abstand zwischen mir und Robert zu erweitern. Zu Beginn habe ich einige Male einen Austausch ohne Veränderung des Abstandes initiiert, al-

lerdings mit dem Abnehmen der Bildkarte von der Kommunikationstafel. Dann habe ich mich von dem Tisch entfernt, an dem Robert saß und auf dem sich die Kommunikationstafel befand. Robert bekam nun deutlich mehr Hilfestellung, vor allem verbale Hinweise auf das Objekt und auf die zugehörige Bildkarte.

Da sich die Erweiterung des Abstandes für Robert als schwierig erwies, wurde das Trainieren der Unterscheidung der Bildkarten vorgezogen. Die Erweiterung des Abstandes wurde dann mit mehreren Bildkarten zur Auswahl ab Anfang Februar durchgeführt. Dabei wurden ihm Bildkarten zu Objekten an der Kommunikationstafel angeboten und die zugehörigen Objekte in Sichtweite, aber nicht in Reichweite aufbewahrt. Auf die Objekte wurde verbal hingewiesen (z. B. "Robert, hier ist ein schönes Buch!" oder "Hm, die Erdnussflips schmecken sehr gut!") und es wurde die Hilfestellung der "Offenen Hand" angeboten. Zu Beginn jeder Sitzung habe ich mit minimalem Abstand (etwa am Tisch) begonnen und diesen dann erweitert, indem ich mich vom Tisch entfernt habe und auch teilweise die Kommunikationstafel von ihm entfernte.

Robert hat sehr schnell die Kommunikationstafel angenommen. Es bereitete ihm keine Probleme, die Bildkarten von der Tafel abzunehmen, anstatt sie wie in Phase I vom Tisch aufzunehmen. Abhängig von seiner Tagesform gelang es ihm in einigen Sitzungen mit Hilfe von verbalen Hinweisen und der "Offenen Hand", einen Abstand von einigen Metern zu mir zu überwinden. So saß er beispielsweise in der Sitzung vom 4.März auf dem Sofa und ich stand mit einer Tüte Erdnussflips etwa drei Meter entfernt. Die Kommunikationstafel mit drei Symbolen befand sich vor ihm auf dem Tisch und Robert nahm nach dem Angebot der "Offenen Hand" und verbalen Hinweisen die zugehörige Bildkarte von der Tafel und tauschte sie gegen die Erdnussflips.

In jeder Übungssitzung zur Erweiterung des Abstands zeigte Robert deutliche Probleme, wenn ich mich von ihm entfernte. Er wurde ungeduldig, lenkte sich schneller mit anderen Dingen ab (spielte z. B. mit der Bildkarte) und benötigte mehr Anleitung und Hilfestellung, um die notwendigen Schritte des Austausches durchzuführen. Auch wenn das Interesse am Objekt deutlich wurde, z. B. indem er dieses mit den Blicken verfolgte oder indem er mich mit erwartungsvollen Augen ansah, konnte er nicht ohne Hilfestellung die Bildkarte abnehmen und austauschen.

Die *Phase III des PECS* wurde vom 24. Januar bis zum 25. März 2002 trainiert. In der fünften Trainingseinheit habe ich mit Robert das Training der Unterscheidung der

Bildkarten begonnen. Dabei hatte er ein Buch und eine Zeitschrift zur Auswahl. Die zugehörigen Bildkarten befanden sich vor ihm auf dem Tisch (die Kommunikationstafel war leider nicht in der Schule). Ich wies ihn auf die zur Auswahl stehenden Objekte hin. Robert entschied sich für das Buch und beschäftigte sich auch damit, was zeigte, dass er wirklich dafür Interesse hatte. Es wurde bei Robert nicht mit der Unterscheidung relevanter und irrelevanter Bildkarten begonnen, da er bei der Abfrage von Begriffen die jeweils richtige zugehörige Bildkarte zeigte und somit deutlich wurde, dass er die Bilder (und Begriffe) erkennt und unterscheiden kann.

Auch wenn Robert sicher die Bildkarten unterscheiden konnte (wenn dies von ihm abgefragt wird), wurde die Phase III lange trainiert, damit er lernen konnte, die Entscheidung für eine Bildkarte schnell und selbstständig durchzuführen. So habe ich in den folgenden Sitzungen Situationen geschaffen, in denen sich Robert für ein Objekt oder eine Tätigkeit entscheiden sollte. In der Schule konnte er z. B. wählen, welche Objekte er zur Einzelförderung mitnehmen möchte oder womit er sich in der Pause beschäftigen will. Die Auswahl fand in den meisten Fällen von der Kommunikationstafel aus statt und wurde sehr schnell auf vier Bildkarten ausgedehnt.

Ab der dritten Phase des PECS beginnt die Dokumentation der Kontrolle. Daran wurde erkennbar, dass es sich bei Roberts Wünschen aus einer Auswahl von Bildkarten häufig wirklich um ein gewünschtes Objekt handelte. Er wählte schon in der ersten Einheit dieser Phase Bildkarten aus, die deutlich seinen wirklichen Wunsch repräsentierten. Dazu gehörte auch die Auswahl aus Tätigkeiten, zu denen abstraktere Abbildungen gehören, z. B. "spazieren gehen" oder "allein sein". In späteren Sitzungen wurde die Anordnung der Bildkarten auf der Kommunikationstafel verändert. Robert wählte trotzdem in den meisten Fällen die seinem Wunsch entsprechende Karte aus, auch wenn diese einen anderen Platz auf der Kommunikationstafel bekommen hatte. Während der dritten Phase wurde zudem beobachtet, dass Robert deutlich weniger mit den Karten spielte als zu Beginn des Trainings.

Neben den Erfolgen traten auch in dieser Phase einige Probleme auf. Obwohl Robert sicher die Bildkarten unterscheiden konnte, wählte er mitunter Dinge aus, die nicht seinem Wunsch entsprachen. Er zeigte dann seine Ablehnung deutlich im Gesichtsausdruck oder indem er das Objekt von sich weg schob. Manchmal verhielt er sich in seiner Auswahl auch uneindeutig und nahm aus einer Reihe an Kommunikationskarten mehrere auf und gab sie mir. Bat ich ihn, aus vier Bildkarten die Dinge zu wählen, die er zur Einzelförderung mitnehmen möchte, so gab er mir manchmal alle

vier Bildkarten nacheinander, obwohl er sich nur mit einem oder zwei der entsprechenden Objekte beschäftigen wollte.
Ab der Einheit am 28.Februar habe ich die Anordnung der Bildkarten auf der Tafel gelegentlich verändert. Hatte Robert zu Beginn Erdnussflips gewählt (mit der zugehörigen Bildkarte am linken Rand), so wählte er dann einige Male das Buch, wenn sich dieses am linken Rand befand. Auch wenn er sich dann kurz mit dem Buch beschäftigte, zeigte er deutlich, dass sein eigentliches Interesse eher den Erdnussflips galt.

5.3 Tanja – Eine dritte Falldarstellung

Tanja lebt im gleichen Wohnheim für geistig behinderte Kinder und Jugendliche wie Robert. Ich kenne sie schon seit meinem Praktikum, welches ich 1999 in ihrer Wohngruppe absolvierte. Bei meinem ersten Besuch in der Vorbereitungszeit meiner Diplomarbeit hatte ich das Gefühl, dass sie mich wieder erkannt hat. Für mich und auch die Mitarbeiter der Wohngruppe erleichterte dies die Entscheidung, auch mit Tanja hinsichtlich kommunikativer Förderung zu arbeiten. Ihr Umzug von einer Wohngruppe in die andere beeinträchtigte die Arbeit nur geringfügig, da dies noch in der Beobachtungsphase stattfand. Während der Förderung mit dem PECS lebte sie in einer Gruppe gleichaltriger und älterer Kinder und Jugendlicher. Fast alle Mitarbeiter zeigten Interesse an dem PECS und setzten die Bildkarten ein, soweit die Zeit und die Betreuung der anderen Bewohner dies zuließ.
Tanjas Eltern und die Klassenlehrerin wurden über den Einsatz des PECS informiert. Eine Zusammenarbeit ergab sich leider nicht.
Informationen aus Gesprächen mit den Mitarbeitern und der Wohngruppenleiterin Frau H. sowie allgemeine und gezielte Verhaltensbeobachtungen und diagnostische Untersuchungen bilden die Grundlage für die Personenbeschreibung.

5.3.1 Personenbeschreibung

Tanja ist elf Jahre alt, nichtsprechend, besucht eine Schule für geistig behinderte Kinder und Jugendliche und lebt in oben genanntem Wohnheim. Bei ihr wurden eine geistige Behinderung und autistische Züge diagnostiziert.
Nachfolgend möchte ich sie anhand folgender Bereiche vorstellen: Stimmung, Kontakt, Sozialverhalten, Emotion, Beschäftigungen, Ausdauer und Aufmerksamkeit, Selbstständigkeit, Wahrnehmung, Motorik, Imitation, Aggression. Der Stand ihrer Kommunikationsfähigkeit wird unter 5.3.2 intensiver betrachtet.

Tanjas *Stimmung* ist sehr wechselhaft. Manchmal erscheint sie freundlich und ausgeglichen, ein andermal unzufrieden und traurig. Insgesamt ist sie eher ruhig und wenig körperlich aktiv.

Ihre Umgebung scheint sie sehr oft auszuschalten. Sie sucht von sich aus wenig *Kontakt* zu erwachsenen Bezugspersonen und keinen offensichtlichen Kontakt zu anderen Kindern. Blickkontakt ermöglicht sie manchmal sehr kurz. Dabei bleibt ihre gesamte Mimik starr und sie lächelt nicht. Tanja sucht teilweise von sich aus Körperkontakt. So nimmt sie sich Hände anderer, um diese zu betrachten, legt sich mit dem Kopf bei einer Bezugsperson auf den Schoß oder hält jemanden an der Hand. Geht der Körperkontakt allerdings vom Gegenüber aus, so wehrt sie ihn meist ab, indem sie die Hand des anderen wegschiebt.

Tanja kennt einige Regeln des *Sozialverhaltens*. So kommt sie manchmal von selbst auf Personen zu, um diese zu begrüßen. Oft ist allerdings eine Aufforderung dazu nötig. Sie gibt dann die Hand, vermeidet aber Blickkontakt. In ihrer Wohngruppe im Heim weiß sie, dass sie am Tisch warten muss, bis alle gemeinsam mit dem Essen beginnen oder dass sie erst aufstehen kann, wenn alle fertig sind. Dauert dies zu lange, wird sie unruhig, bleibt aber am Tisch. Tanja kennt keine Gesten oder Laute für "Bitte" und "Danke". Im gemeinsamen Spiel habe ich versucht, den Einsatz der "Bitte-Geste" anzubahnen. Ich habe ihr einen Handschuh weggenommen und ihr gezeigt, wie sie darum bitten soll. Dazu habe ich ihr die Geste gezeigt und sie mit Handführung mit Tanja gemacht bzw. ihr Hände "angeschoben", damit sie die Bewegung alleine macht. Teilweise hat dies dann funktioniert, teilweise hat sie auch auf meine "Bitte-Geste" angemessen reagiert und mir den Handschuh zurückgegeben. Einige Male hat es jedoch nicht funktioniert, und bei einer späteren Wiederholung hat sie auch mit Hilfe die Geste nicht richtig eingesetzt. Scheinbar hatte Tanja das Abwechseln der Gesten mit dem Geben des Handschuhs eher als Spiel betrachtet und den Einsatz der Geste nicht als Möglichkeit verstanden, eine Bitte bzw. Aufforderung auszudrücken.

Durch ihr Verhalten zeigt Tanja *Emotionen*. Sie zeigt deutlich durch Jammern oder Aggressionen, wenn ihr eine Situation nicht gefällt. Ändert sich die Situation nicht, so fällt es schwer, Tanja zu beruhigen oder abzulenken. Oft ohne erkennbaren Grund für andere lächelt oder grinst sie vor sich hin. Aber auch in der Interaktion mit anderen zeigt sie durch Lachen an, wenn ihr etwas Spaß bereitet. Freude ist also durchaus in manchen Situationen erkennbar. Andererseits zeigt sie keine deutlich freudige Reaktion, wenn sie eine Aufgabe erfolgreich bewältigt hat, wie z. B. beim Fertigstellen eines Puzzles oder wenn sie von Bezugspersonen Lob und Anerkennung erhält. Auf Emotionen anderer reagiert sie nicht offensichtlich.

Zu den von ihr am häufigsten gewählten *Beschäftigungen* gehört das Betrachten ihrer Hände oder verschiedener Handschuhe. Schon seit Jahren hat sie einen regelrechten "Handschuh-Tick" und möchte jeden Handschuh, den sie erblickt, bekommen. Sie zieht die Handschuhe dann an – unabhängig an welche Hand er eigentlich passt – und betrachtet ihn. Manchmal werden die Handschuhe eingerissen und zerrissen und dann weiterbetrachtet. Sie kann sich scheinbar in ihren Händen und Handschuhen verlieren, nutzt das Betrachten nicht nur zur Beschäftigung, sondern vermutlich auch zum Rückzug, zur Beruhigung, zum Abschalten der Außenwelt. Werden keine Angebote durch Bezugspersonen gemacht, so verbringt sie viel Zeit mit den Handschuhen oder sie geht durch die Wohngruppe und rückt und legt Dinge an ihren Platz zurück. Ein ausgeprägter Ordnungssinn bzw. ein Ordnungstick wird deutlich, wenn sie z. B. mehrmals kontrolliert, ob ihre Schultasche an der richtigen Stelle steht und wenn sie liegen gelassenes Spielzeug der anderen Kinder an den ursprünglichen Platz zurücklegt. Weiterhin blättert Tanja gelegentlich Bücher und Kataloge durch und zerlegt letztere systematisch, d. h. erst wird Seite für Seite entrissen und neu gestapelt und dann werden die einzelnen Seiten eingerissen. Hat sie die Möglichkeit dazu, dann schaukelt sie gern und ausdauernd, genießt das Baden im Whirlpool und das Betrachten der Blubbersäulen im Snoezelraum. Mit Anregung durch Bezugspersonen beschäftigt sie sich eine Weile mit einem Puzzle, wobei sie die einzelnen Teile lange betrachtet und in den Händen dreht und immer wieder zum Weitermachen aufgefordert werden muss. Unter den gleichen Bedingungen baut sie auch Mauern aus Legosteinen, allerdings nicht ohne die Steine zwischendurch lange zu betrachten und ein genaues Muster zu verfolgen. Eine gemeinsame Interaktion mit Tanja ist teilweise auch möglich. Sie reagiert z. B. darauf, wenn ich ihr im Spiel ihren Handschuh wegnehme. Sie versucht dann ihn wiederzubekommen und zeigt durch lachen ihr Verständnis und ihre Freude am "So-tun-als-ob-Spiel", wenn ich nur andeute ihr den Handschuh wegnehmen zu wollen und es aber nicht tue.

Tanja zeigt viel *Ausdauer* und *Aufmerksamkeit* bei ihren favorisierten Tätigkeiten. Wie schon oben beschrieben, betrachtet sie über lange Zeiträume ihre Hände, Handschuhe oder andere Dinge. Geht es darum, eine bestimmte Aufgabe zu erledigen, so ist wiederholte Aufforderung von außen nötig, um die Aufgabe fertig zu stellen.

In der *Selbstständigkeit* entsprechen Tanjas Fähigkeiten nicht denen gleichaltriger Kinder. Sie isst größtenteils allein, allerdings muss sie manchmal zum Weiteressen angeregt werden. Beim Essen und Trinken ist sie sehr unsauber und zeigt nicht an, dass es sie stört, wenn sie sich bekleckert hat. Sie nimmt sich Dinge, die sie möchte, nicht selbstständig (auch wenn sie in Reichweite stehen), sondern wartet bis sie ihr angeboten werden oder reagiert aggressiv. Beim Zubereiten der Nahrung, beim An- und Auskleiden sowie beim Waschen und Zähneputzen benötigt sie Anleitung und teilweise Hilfestellung.

In einigen verschiedenen Bereichen der *Wahrnehmung* zeigt Tanja deutliche Auffälligkeiten. Auf akustische Reize reagiert sie scheinbar gar nicht. In ihrem Verhalten ist keine Veränderung zu beobachten, wenn sie angesprochen wird, wenn Musik angeschaltet wird oder wenn es plötzliche laute Geräusche in ihrer Umgebung gibt. Es wurde eine Schwerhörigkeit diagnostiziert. Fraglich ist, ob Tanja überhaupt keine akustischen Signale aufnimmt oder ob sie Geräusche ausschaltet. Ihre visuelle Wahrnehmung ist scheinbar normal. Wie schon oben genannt, betrachtet sie viele Dinge lange und ausgiebig. Dabei ist ihr Blick meist starr auf den Gegenstand fixiert und Reize im Hintergrund bekommen keine Beachtung. Es ist nicht zu beobachten, dass Tanja bestimmte visuelle Reize (zu grelles Licht, flackernde oder blinkende Reize) ablehnt. Im Bereich der taktilen Wahrnehmung zeigt sie Abneigung zu Berührungen anderer. Wie schon oben erwähnt, wehrt sie Berührung meist ab, wenn diese vom Gegenüber initiiert wurden, sucht aber im Gegensatz dazu manchmal von sich aus Körperkontakt. Bei verschiedenen Stoffen, wie Plastik, Plüsch oder Gummi, konnten keine Vorlieben oder Abneigungen beobachtet werden. Ebenso gibt es keine Auffälligkeiten in der olfaktorischen Wahrnehmung. Bei der gustatorischen Wahrnehmung war auffällig, dass sie sich häufig gegen unbekannte Nahrungsmittel wehrt und Dinge bevorzugt, die man nicht viel kauen muss. Möglicherweise ist sie untersensibel in der propriozeptiven Wahrnehmung. Sie schaukelt sehr ausdauernd und wild ohne zu ermüden und wirft sich oft mit dem ganzen Körper aufs Sofa. Beides scheint ihr sichtlich Freude zu bereiten.

In ihrer *Motorik* zeigt Tanja einige Auffälligkeiten. Oftmals sind zuckende Bewegungen und eine grimassenähnliche Mimik zu beobachten. Unklar ist, ob diese bewusst initiiert oder unbeeinflussbare Tickstörungen sind. Häufig hält sie bei Bewegungen inne und "erstarrt" regelrecht mitten in einer Handlung. In ihrer Feinmotorik ist Tanja eher ungeschickt. Ihre Bewegungen sind ausfahrend, wenn sie eine zielgerichtete Handlung ausführen will. Auch in der Grobmotorik ist sie auffällig. Sie läuft oft schlurfend und hat insgesamt scheinbar einen schwachen Muskeltonus.

Tanjas Fähigkeit zur *Imitation* konnte kaum beobachtet werden. Konkrete Handlungen imitiert sie nicht. Wie oben beschrieben, konnte in einer Situation das Imitieren der "Bitte-Geste" mit Hilfe erreicht werden.

Tanja zeigt teilweise *Aggressionen.* Ist sie mit einer Situation unzufrieden, so schlägt sie sich selbst gegen den Kopf oder schlägt die Hand an die Tischkante. Dabei äußert sie jammernde unartikulierte Laute.

5.3.2 Stand der Kommunikationsfähigkeit zu Beginn

An dieser Stelle soll ein Überblick über Tanjas kommunikative Fähigkeiten gegeben werden. Beschrieben wird ihr passives Sprach- und Informationsverständnis und die Mittel und Wege, die sie aktiv nutzt, um Wünsche und Ablehnungen zu äußern, also um zu kommunizieren. Grundlage dieser Informationen bilden gezielte Verhaltensbeobachtungen und Gespräche mit den Bezugspersonen.
Wie schon unter 5.3.1 beschrieben, reagiert Tanja nicht deutlich auf akustische Reize. Wird ihr eine Aufforderung nur verbal gegeben, so beantwortet sie diese nicht. Deutlich reagiert sie dagegen auf Gesten. Hält man ihr beispielsweise eine ausgestreckte Hand entgegen, um ihr zu bedeuten, dass sie mitkommen soll, dann steht sie auf, nimmt die Hand des Betreuers und kommt mit. Ebenso nimmt sie sich Dinge (z. B. beim Essen), die sie möchte, wenn die Bezugsperson darauf zeigt und ihr damit bedeutet, dass sie gerne noch etwas davon nehmen kann. Aus Berichten weiß ich, dass in der Schule im Umgang mit ihr teilweise Gebärden verwendet werden. Aktiv produziert sie keine Gebärden zur Kommunikation.
Tanja ist nichtsprechend und hat bisher auch keine einzelnen Worte gesprochen, ebenso keine Wortsilben, die die Bildung eines Begriffes ersetzen könnten. Sie äußert einige unartikulierte Laute, hauptsächlich im Zusammenhang mit Unzufriedenheit. Oft ist sie über lange Zeit still.

Der Fragebogens zum Stand der Kommunikationsfähigkeit wurde genutzt, um zu ermitteln, welche Mittel Tanja zur Kommunikation einsetzt und in welchem Umfang.

Es konnte festgestellt werden, dass Tanja in allen Situationen weder Lautsprache oder schwer verständliche Lautsprache, noch Gestik/Zeigen oder Blickverhalten einsetzt, um Wünsche und Bedürfnisse zu äußern. Sie zeigt dies hauptsächlich über das Äußern unartikulierter Laute und das Führen mit der Hand sowie über zusätzliche Verhaltensweisen oder Handlungen.[24] In relativ vielen Fällen sind ihre Absichten uneindeutig. Sie zeigt dann keine Reaktion.

Ihr *Wunsch nach gemeinsamer Handlung oder nach Herstellung von Kontakt* ist gegenüber anderen Kindern nicht erkennbar. Fraglich ist, ob sie den Kontakt grundsätzlich ablehnt oder keine geeignete Möglichkeit findet, den Wunsch zu äußern. Auch Erwachsenen gegenüber macht sie nur selten deutlich, dass sie eine gemeinsame Handlung möchte. Sie äußert dies dann durch Körperkontakt, nimmt die Hand eines Betreuers und zieht sie zu sich heran.

Möchte Tanja einen *Erwachsenen zum Handeln auffordern*, dann tut sie dies hauptsächlich durch Handführung. Sie führt die Hand des Betreuers dorthin, wo etwas ausgeführt werden soll, z. B. Hilfe beim Öffnen eines Knopfes, oder sie zieht den Betreuer an der Hand in die Umgebung, in der eine besondere Tätigkeit stattfinden soll. In manchen Situationen, in denen sie Hilfe braucht, wartet sie einfach nur ab, vielleicht hoffend, dass irgendwann ein Betreuer auf sie aufmerksam wird und ihr Problem errät. Sie zeigt nicht deutlich, wenn sie möchte, dass jemand mit ihr ein Buch anschaut, und es ist auch schwer zu erkennen, wenn sie möchte, dass jemand mit ihr spielt. Auch hier stellt sich wieder die Frage, ob sie kein Bedürfnis danach hat oder ob sie es nicht äußern kann.

Tanja benutzt weder Laute, Gesten noch Blickkontakt, um sich *Zugang zu Nahrung und Gegenständen* zu ermöglichen. Häufig ist ihr Wunsch an Aggressionen oder durch Handführen erkennbar. Besonders deutlich wird beides beim Essen. Möchte sie etwas essen, so nimmt sie entweder die Hand einer neben ihr sitzenden Bezugsperson und führt diese hin zu dem gewünschten Essen oder sie wird unruhig, jammert und schlägt ihre Hand gegen das Stuhlbein, bis ihr die gewünschte Speise angeboten wird. Hierbei spielt es keine Rolle, ob die gewünschten Sachen für sie in Reichweite liegen oder nicht. Im Zusammenhang mit Nahrungsmitteln sind ihre Wünsche meist relativ

---

[24] Zu Tanjas kommunikativen Verhaltensweisen und Handlungen zählen: Körperkontakt, Abwarten, jemanden hinziehen, Aggression/Wut, Jammern/Weinen, Lachen/Lächeln, Nähe suchen, Körperhaltung

deutlich erkennbar. Dagegen zeigt sie nicht sicher, wenn sie bestimmte Gegenstände haben möchte. Eine Ausnahme bilden ihre Handschuhe. Möchte sie einen Handschuh, der nicht in unmittelbarer Nähe liegt, so findet sie Mittel und Wege, Bezugspersonen zu bedeuten, dass sie ihn haben möchte. Für Musik hat sie offensichtlich kein Interesse, was sicher in ihrer Schwerhörigkeit begründet liegt.

Beim Verdeutlichen von *Protest und Widerspruch* nutzt Tanja unartikulierte Laute. Unterbleibt eine gewohnte Handlung oder bekommt sie nicht was sie möchte, dann jammert und weint sie, wird teilweise auch autoaggressiv und schlägt sich mit den Händen gegen den Kopf. Wird sie mitgenommen, ohne dass sie es will, so zieht sie den Betreuer in die entgegengesetzte Richtung und begleitet dieses Verhalten teilweise mit Jammern und Autoaggressionen. Wenn Tanja eine Aufgabe erledigen soll, die sie eigentlich nicht tun möchte, dann führt sie es meist aus, aber sehr schnell und wütend. Insgesamt sind Protest und Widerspruch gut zu beobachten.

Erklärungen und Kommentare gibt Tanja nicht ab. Es wird nicht deutlich, wenn sie etwas zeigen möchte oder wenn sie will, dass man etwas anschaut. Es ist auch unklar, ob ihr Verhalten in bestimmten Situationen als Meinungsäußerung verstanden werden könnte. Manchmal lächelt sie unvermittelt und bei den Außenstehenden entsteht dann die Vermutung, dass ihr die momentane Situation gut gefällt. Trotzdem kann man nicht sagen, dass sie eine Meinung deutlich macht, wenn man sie mit Worten, Gesten oder einem fragenden Blick darum bittet.

Gefühle und Befindlichkeiten drückt Tanja meist durch unartikulierte Lautäußerungen und weitere Verhaltensweisen aus. So wird Freude durch Lachen und Trauer durch Weinen offensichtlich. Hat sie Angst, so hält sie sich in der Nähe einer erwachsenen Bezugsperson auf. Wut zeigt sie ebenso wie Protest und Widerspruch durch Autoaggression und Jammern. Wenn sie sich wohl oder unwohl fühlt, dann ist das an ihrer Körperhaltung zu erkennen. Sie krümmt ihren Körper zusammen, wenn sie Schmerzen hat.

Tanja nutzt keine ihrer kommunikativen Fähigkeiten, um konkrete *Fragen und Erlebnisse* auszudrücken. Wie schon oben beschrieben, macht sie teilweise deutlich, was sie möchte und was nicht. Allerdings sind diese Ausdrücke ihrer Wünsche nicht als Fragen oder Bitten, sondern eher als Aufforderungen zu verstehen.

5.3.3 Einsatz des PECS – Arbeitsweise, Entwicklung und Ergebnisse

In der Zeit vom 8. Januar bis zum 25. März 2002 wurde mit Tanja im Rahmen dieser Diplomarbeit nach dem PECS gearbeitet. In elf Einheiten wurde der Austausch der Bildkarten gegen Objekte von mir eingeführt und trainiert. Tanja erlernte die Fähigkeiten und Fertigkeiten bis zur Phase III des PECS. Sie arbeitete am Ende sicher mit zehn Bildkarten. Die Auswahl dieser Bildkarten erfolgte nach ihren Vorlieben. Das Training wurde immer in der Wohngruppe durchgeführt, sowohl am Essenstisch, in der Wohnstube als auch in ihrem Zimmer. Es wurden alle sechs Mitarbeiter in das Training einbezogen. Frau H. als Gruppenleiterin war meine Hauptkontaktperson und wurde schwerpunktmäßig angeleitet. Die Dokumentation erfolgte durch mich und die Mitarbeiter in den Tabellen zu den einzelnen Phasen. Außerdem notierte ich Beobachtungen und Informationen und erstellte ein Langzeitprofil.
Die Anbahnung und das Training des PECS sowie Erfolge und Probleme werden anhand der einzelnen Phasen dargestellt. Dabei ist zu beachten, dass die Phasen fließend ineinander übergingen und teilweise zeitgleich trainiert wurden.

Die *Phase I des PECS* wurde vom 8. Januar bis zum 4. März 2002 trainiert.
Zur Einführung erster Bildkarten wurde ein Setting geschaffen, wie es von Frost und Bondy (1994) empfohlen wird. Dabei saß Tanja am Tisch, ich saß neben ihr und Frau H. uns gegenüber. Mit einem Handschuh und der zugehörigen Bildkarte wurde begonnen. Der erste Austausch wurde von mir vollständig physisch unterstützt. Doch schon bei der zweiten Durchführung war keine physische Unterstützung mehr nötig, die "Offene Hand" von Frau H. genügte als Hinweis. Ebenso verlief es beim Einsatz der Bildkarte "Trinken".
In den nachfolgenden zwei Wochen wurde diese Fähigkeit weiterhin trainiert. Es kam noch eine Bildkarte für einen Stift hinzu, die Karte "Trinken" wurde durch "Tasse" ersetzt. Weitere Mitarbeiter der Wohngruppe wurden in den Einsatz der Bildkarten eingewiesen. Sie setzten vor allem die Karte "Tasse" regelmäßig bei den Mahlzeiten ein. Auch nach der Einführung weiterer Phasen benutzte Tanja die Bildkarte "Tasse" bei den Mahlzeiten.
Tanja hat bereits in der ersten Trainingseinheit das Grundprinzip des PECS verstanden, den Austausch einer Bildkarte gegen ein beliebtes Objekt. Nach wiederholtem Trainieren dieser Fähigkeit ergaben sich bereits nach zwei Wochen erste Sequenzen des Austausches ohne die Hilfestellung durch die "Offene Hand". Nach weiteren zwei Wochen war diese Hilfestellung in den meisten Fällen nicht mehr notwendig.

Durch den häufigen Einsatz der Karte "Tasse" konnten die meisten Beobachtungen bei den Mahlzeiten gemacht werden. Dabei erschien den Betreuern der Austausch der Bildkarte gegen ein Getränk nicht immer als eindeutig. Manchmal erbat Tanja mit der Karte unverhältnismäßig häufig etwas zu trinken. Die Betreuer vermuteten, dass Tanja die Karte nicht abgibt, weil sie Durst hat, sondern weil sie denkt, dass dies von ihr erwartet wird.
Leider konnten nicht alle Mitarbeiter gleichzeitig in die Arbeitsweise eingeführt werden. Es kam zu unterschiedlichen Handhabungen der Vorgehensweise und es wurde nicht sorgfältig dokumentiert. (Nach dem 5.Februar wurde das Training der Phase I nicht mehr dokumentiert, da es als erlernt galt und in mehr als 80 % der Fälle erfolgreich verlief.)

Vom 22. Januar bis zum 25. März 2002 wurde die *Phase II des PECS* trainiert.
Am 22.Januar wurde Tanja mit der Kommunikationstafel vertraut gemacht. Zu Beginn befand sich diese mit einer Bildkarte in Tanjas Reichweite auf dem Tisch. Das zugehörige Objekt war außerhalb ihrer Reichweite. Beim Abnehmen der Karte wurde sie physisch unterstützt.
Schon bei der zweiten Einheit der Phase II bekam die Kommunikationstafel einen festen Platz auf einem Schrank. Hilfestellungen wurden zu Beginn verstärkt gegeben. Dazu zählte eine Zeigegeste zu der Bildkarte, ein Hinweis auf das Objekt und/oder die "Offene Hand". Die Hilfen wurden nach und nach verringert. Die Erweiterung des Abstandes zwischen mir und Tanja sowie zwischen der Tafel und Tanja wurden ab der ersten Einheit der Phase II trainiert. Auch nach Beginn der Phase III wurde weiter an den Fertigkeiten der Phase II gearbeitet.
Tanja hat den Übergang zur Benutzung der Kommunikationstafel sehr schnell gelernt. Die physische Unterstützung beim Abnehmen der Karte von der Tafel konnte gleich in der ersten Einheit ausgeblendet werden. Weitere Hilfestellungen nahmen in den nächsten Sitzungen ab, sodass Mitte Februar auch die "Offene Hand" nicht mehr in allen Fällen notwendig war. Der Abstand konnte allmählich erweitert werden. Nach vier Trainingseinheiten der Phase II kam Tanja mit einer Bildkarte aus einer Entfernung von ca. drei Metern zu mir, obwohl ich gerade mit etwas anderem beschäftigt war und ihr weder Hilfestellungen noch Aufmerksamkeit gegeben hatte.
Tanja zeigte zu Beginn des Trainings deutliche Probleme bei der Erweiterung des Abstandes. Sie wurde unruhig, wenn ich mich von der Kommunikationstafel entfern-

te und benötigte dann deutlich mehr Hinweise und Hilfestellungen, um den Austausch trotzdem durchzuführen.
Der Beginn der Phase II (Einsatz von einer einzelnen Bildkarte an der Kommunikationstafel) wurde von den Mitarbeitern der Wohngruppe nicht gesondert trainiert.

Die *Phase III des PECS* wurde vom 19. Februar bis zum 25. März 2002 trainiert.
Am fünften Termin wurde Tanja erstmalig mit einer Auswahl an Bildkarten konfrontiert. Zu Beginn wurden ein beliebtes und ein unbeliebtes Objekt angeboten. Tanja wählte sofort zielsicher das beliebte Objekt aus und führt den Austausch selbstständig durch.
Beim ersten Trainingstermin der Phase III wurde das Angebot der Bildkarten auf bis zu vier erhöht. Tanja wählte einige Male Objekte, die sie auch wirklich wollte, aber auch Objekte, die sie dann deutlich ablehnte. In den folgenden Wochen wurden Tanja sowohl von mir als auch von den Mitarbeitern der Wohngruppe Bildkarten zur Auswahl angeboten. Dabei befanden sich die zugehörigen Objekte nicht immer in ihrer Sichtweite. Tanja wurde unterstützt, indem auf die Objekte und/oder die Bildkarten hingewiesen wurde. Zum Trainieren des Unterscheidens gehörte auch das Verändern der Anordnung der Bildkarten auf der Kommunikationstafel.
Während des Trainings der Unterscheidung habe ich mehrmals beobachtet, dass Tanja deutlich Freude zeigte, wenn sie Zusammenhänge erkannte. So beobachtete sie Hinweise meinerseits manchmal sehr aufmerksam, lächelte dann und nahm die richtige Bildkarte, um zu dem gewünschten Objekt zu kommen. Da die dritte Phase auch von den Mitarbeitern der Wohngruppe trainiert wurde, wurde Tanja häufig mit einer Auswahl an Bildkarten konfrontiert und hat gelernt, einige Bildkarten (z. B. Tasse und Handschuh) sicher zu unterscheiden.
Beim Trainieren des Unterscheidens und Auswählens aus mehreren Bildkarten gab es allerdings auch häufig Situationen, in denen Tanja ebenso oft eine relevante (gewünschte) wie eine unrelevante (nicht gewünschte) Bildkarte auswählte. Sie nahm manchmal mehrere Bildkarten nacheinander ab, bis sie mit einer Karte zum gewünschten Ziel kam.

6 Auswertung der Studie

Das Picture Exchange Communication System wurde im Rahmen dieser Arbeit als Mittel zur Kommunikationsförderung autistischer Kinder eingesetzt. Im vorangegangenen Teil wurden die drei Teilnehmer der Studie vorgestellt und die Förderung mit dem PECS in den Fällen beschrieben. Arbeitsweise und Entwicklungen bei den drei Kindern werden nun fallbezogen diskutiert und die Ergebnisse werden vorgestellt. Anschließend werden die Fälle hinsichtlich Arbeitsweise, Entwicklungen und Ergebnissen verglichen.

6.1 Fallbezogene Diskussion von Arbeitsweise, Entwicklung und Ergebnissen

6.1.1 Diskussion ausgewählter Aspekte im Fall Martin

Unter 5.1.3 wurde beschrieben, wie in den Phasen des PECS mit Martin gearbeitet wurde. Nachfolgend werden einzelne Aspekte bezüglich der Arbeitsweise, der Entwicklungen und der Ergebnisse diskutiert.

In der Kommunikationsförderung mit dem PECS sah ich meine Aufgabe in der Einführung der einzelnen Stufen und in der Anleitung der Bezugspersonen im Einsatz der Bildkarten im Alltag. Sowohl die Eltern als auch die Erzieherin Frau M. waren an der Förderung von Anfang an interessiert. Dennoch ergaben sich *Probleme in der Umsetzung des Trainings*. Ich hatte erwartet, dass Frau M. täglich einige Gelegenheiten findet, in denen die Karten eingesetzt werden können, da sich in der Fördereinheit, die ich mit Martin trainierte, häufig innerhalb weniger Minuten bis zu zehn Austauschabläufe ergaben. Frau M. fand jedoch selten die Zeit für den Einsatz und dokumentierte auch nicht alle Versuche, die sie unternahm. So ergaben sich manchmal im Laufe einer Woche nur zwei Sequenzen in der Kindertagesstätte, was als Training nicht ausreichte, um in der kommenden Woche die Anforderungen zu erweitern.

Die *Eltern* wurden ebenfalls *als Trainer* mit einbezogen. Leider war es nicht möglich, die Eltern direkt in der Arbeit mit dem Kind anzuleiten. Stattdessen fanden nach den Födereinheiten in der Kindertagesstätte wöchentlich Gespräche mit den Eltern statt, in denen Erfahrungen und Ideen ausgetauscht werden konnten. Die Eltern zeigten sich eher überengagiert und griffen selbstständig im Training den jeweiligen Stufen voraus. So begannen sie beispielsweise schon nach kürzester Zeit, Martin Bildkarten zur Auswahl anzubieten, da sie davon überzeugt waren, dass Martin mit einzelnen

Bildkarten unterfordert ist. Ich habe den Anstoß der Eltern aufgegriffen und dann das Trainieren der Unterscheidung vor dem Trainieren der Abstandserweiterung begonnen. Im Nachhinein bin ich nicht sicher, ob diese Entscheidung förderlich oder hinderlich für Martin war.

Durch die *unterschiedliche Arbeitsweise* im Elternhaus und in der Kindertagesstätte ergaben sich innerhalb kürzester Zeit auch Differenzen in den erlernten Fertigkeiten. So berichteten die Eltern oft von erfolgreichen Interaktionen (in denen Martin auch gezielt Dinge auswählt), während Martin in der Kindertagesstätte problematisches Verhalten zeigte (z. B. Abwehren der Interaktion).

Weitere Aspekte, die die Förderung sicher beeinflussten, waren *unkonsequente bzw. unangemessene Verhaltensweisen* auf Seiten der Bezugspersonen. Dazu zählt, dass sowohl die Eltern als auch Frau M. auf die Wünsche von Martin reagierten, wenn er nur auf eine Bildkarte zeigte, anstatt diese wirklich aufzunehmen und auszutauschen, wie es das PECS vorsieht. Dieses Verhalten zieht Probleme nach sich, die eigentlich mit dem PECS vermieden werden sollten. Das Kind beginnt uneindeutig auf eine Bildkarte zu zeigen und es ist nicht sicher, ob die Bezugsperson die Aktion beobachtet. Konsequenz an dieser Stelle wäre wünschenswert und erforderlich, um das eigentliche Ziel, nämlich das Fördern der Initiative des Kindes im Auge zu behalten. Beim Training der Unterscheidung begann Martin beide zur Auswahl stehenden Bildkarten aufzunehmen und in der Erwartung auszutauschen, einen beliebten Gegenstand dafür zu bekommen. Von den Eltern wurde dieses Verhalten konsequent abgelehnt, von Frau M. allerdings nicht. Frau M. gab Martin in diesen Fällen oft das gewünschte Objekt (das unrelevante vielleicht auch mit dazu). Da sein unangemessenes Verhalten (zwei Bildkarten anstatt einer) belohnt wurde (er bekam u. a. das gewünschte Objekt), war es für Martin nicht notwendig die Bildkarten zu unterscheiden. Es kam nicht zu dem beabsichtigten Effekt der Enttäuschung, wenn er das weniger beliebte Objekt für die zugehörige Bildkarte erhält und dadurch zur Unterscheidung angeregt werden sollte.

Bei allen Bezugspersonen ergaben sich die *Trainingssituationen aus der Initiative der Bezugspersonen.* Auch in meinen Trainingseinheiten habe ich künstliche Situationen geschaffen, in denen Martin nach einem Objekt fragen kann. Auch die Eltern und Frau M. haben die Trainingszeiten von sich aus initiiert und in keinem Fall die Bildkarten dann eingesetzt, wenn Martin durch sein Verhalten deutlich einen Wunsch äußerte. Letzteres entspricht aber eher der Absicht des PECS, wäre also vorteilhafter für eine erfolgreiche Förderung.

Die Förderung mit dem PECS brachte bei Martin eine Reihe an Erfolgen und Problemen. Die unter 5.1.3 aufgeführten Punkte werden nun besprochen.

Martin entwickelte innerhalb der ersten Wochen eine deutliche *Abneigung gegen den Einsatz der Karten*. Die Eltern, Frau M. und ich sehen verschiedene mögliche Ursachen dafür. Zum einen könnte es nach Meinung der Eltern ein Zeichen der Unterforderung sein. Sie gehen davon aus, dass es Martin als unsinnig erschien, nach einem Objekt zu fragen, was sich in unmittelbarer Nähe befindet und was er bisher auch ohne weiteres bekommen hat. Gerade bei künstlichen Situationen, in denen ihm ein beliebtes Objekt nach einer gewissen Zeit abgenommen wurde, nur damit er mit der Bildkarte wieder danach fragen konnte, zeigte er schnell Anzeichen von Unzufriedenheit und Frust. Ebenso ist ein möglicher Faktor die Tatsache, dass der Einsatz der Bildkarten immer von den Bezugspersonen initiiert wurde. Martin musste sich an den Tisch setzen, er musste den Austausch bewältigen, er musste sich konzentrieren und aufmerksam sein. Vielleicht bedeutete dies für ihn eine große Anstrengung, die er gerne vermieden hätte und deshalb schon seinen Unmut zeigte, wenn die Karten überhaupt in sein Blickfeld kamen. Weiterhin ist zu bedenken, ob eine Reizüberlastung (visuelle, auditive und taktile Informationen) seine Aufmerksamkeit einschränkte und er zum eigenen Schutz alle Reize ausblenden wollte, indem er den gesamten Ablauf verweigerte.

Nach einigen Fördereinheiten wurde deutlich, dass Martin wesentlich mehr *Ausdauer und Konzentration* zeigen konnte, wenn er am Tisch saß. Diese Beobachtung konnte von da an für die weitere Förderung genutzt werden. Am Tisch konnte der gesamte Austausch besser beeinflusst werden, z. B. konnte ich so vermeiden, dass Martin das beliebte Objekt nimmt, ohne danach zu fragen, ich konnte besser Hilfestellung geben (Zeigegesten, Zuordnung von Objekten zu Bildkarten, Zuhalten der unrelevanten Karte zum Training der Unterscheidung etc.). Die Tatsache, dass Martin am Tisch konzentrierter arbeitete, förderte auch die Entscheidung, erst das Unterscheiden der Bildkarten und dann das Erweitern des Abstandes zu trainieren.

Schon bei der Diskussion der Arbeitsweise habe ich beschrieben, dass Martin häufig *zwei Bildkarten statt einer* einsetzte. Dieses Verhalten zeigte er auch, wenn er etwas haben wollte, zu dem es keine Bildkarte gab. Z. B. begann er am Ende einer Fördereinheit alle Bildkarten aufzunehmen, die er finden konnte, gab sie ab und wehrte dann alles ab, was er dafür bekam. Durch sein Verhalten wurde aber trotzdem deutlich, dass er spazieren gehen wollte, da er sowohl Frau M. als auch mich zur Tür zog.

In dieser Situation wollte er die Karten benutzen, um einen Wunsch auszudrücken, erkannte aber nicht den Zusammenhang zwischen einer konkreten Bildkarte und dem zugehörigen Objekt/der zugehörigen Tätigkeit. Um solche Situationen zu vermeiden, ist es notwendig, dass er die Unterscheidung beherrscht und ggf. eine Bildkarte besitzt, die anzeigt, dass er etwas möchte, wozu keine Bildkarte existiert.

Der Austausch der Bildkarten gegen ein Objekt wurde häufig mit einem Stiefel trainiert, da Martin ein *besonderes Interesse an Schuhen und Stiefeln* zeigte. Oft war der Stiefel das einzige Objekt, was ihn überhaupt zum Austausch anregte. Jedoch war seine Fixierung auf den Stiefel manchmal auch so stark, dass die Bildkarte für ihn ein Hindernis auf dem Weg zu seinem Stiefel darstellte und er den Austausch ablehnte und frustriert darauf reagierte, wenn ich ihm den Stiefel wiederholt abnahm, um eine Wiederholung des Austausches zu ermöglichen.

Beim Trainieren der Auswahl zeigte Martin *größere Sicherheit, je größer sein Wunsch* nach dem Objekt war. Die Eltern berichteten, dass er manchmal aus einer Vielzahl von Bildkarten eine Bildkarte auswählte, obwohl er gar nicht wissen konnte, dass es diese Option gibt (z. B. Chips oder Kindercola). Die Eltern vermuten, dass er sich stärker konzentriert, wenn er etwas wirklich haben möchte und dass er dann auch die Bildkarten betrachtet und unterscheiden kann.

Insgesamt entstand bei allen Bezugspersonen der Eindruck, dass Martin in den meisten Fällen *nicht zielgerichtet eine Bildkarte auswählte*, sondern die vorhandenen Bildkarten durchprobierte, bis er damit zu dem gewünschten Erfolg kam. Oftmals schien er die Bildkarten gar nicht genau zu betrachten, sondern sich eher den Ort der Bildkarte zu merken, die ihn zum Erfolg geführt hatte. Habe ich dann die Anordnung der Bildkarten verändert, führte das zu einem Misserfolg. Auch beim Einsatz einer leeren Karte kam es dazu, dass Martin diese Karte einsetzte, um etwas zu bekommen. Für mich wurde deutlich, dass er die Karte an sich in diesem Moment nicht betrachtet hat. Fraglich ist, ob er die Unterscheidung nicht vornimmt, weil er die Abbildungen gar nicht genau erkennen kann (oder weil ihm das Erkennen zu anstrengend ist) oder weil seine Motivation zu gering ist. Das Vergrößern der Bildkarten zum besseren Erfassen der Abbildungen wäre für die weitere Förderung eine Möglichkeit die Unterscheidung zu trainieren.

Die Kommunikationsförderung mit dem PECS hat bei Martin eine Reihe an Ergebnissen hervorgebracht. So hat Martin z. B. gelernt, dass er für eine Bildkarte ein Ob-

jekt bekommen kann. Er kann die Bildkarte selbstständig von der Kommunikationstafel abnehmen und einer Bezugsperson geben.
Mit etwas Hilfestellung hat Martin in einigen Situationen einen Abstand von bis zu drei Metern überwunden. Insgesamt fällt es ihm schwer, den Abstand zu einer Bezugsperson zu überwinden und dabei die Konzentration auf den Austausch der Bildkarte zu fokussieren.
Martin kann bei Mahlzeiten und auch zwischendurch Wünsche nach bestimmten Nahrungsmitteln verdeutlichen. Er kann anzeigen, was er möchte (indem er die betreffende Karte austauscht) und ob er davon noch mehr möchte (indem er den Austausch wiederholt). Die Auswahl der Bildkarte entspricht dabei noch nicht immer eindeutig seinem Wunsch.
Ebenso kann er seinen Wunsch nach bestimmten Objekten und Tätigkeiten ausdrücken. Bieten die Eltern ihm z. B. an, zur Kindertagesstätte zu laufen oder mit dem Auto zu fahren, so kann er selbst wählen, was er möchte. Die Auswahl ist noch nicht immer eindeutig.
Martin benutzt insgesamt 19 Bildkarten. Am häufigsten werden Bildkarten für Nahrungsmittel (Orange, Joghurt etc.), seine Schuhe und "Auto fahren" eingesetzt.
Martin hat noch nicht die Fähigkeit entwickelt, von sich aus die Initiative zur Kommunikation mit den Bildkarten zu ergreifen. Er nutzt die Bildkarten nur, wenn er von einer Bezugsperson darauf hingewiesen wird.
Verglichen mit dem unter 5.1.2 aufgeführten Stand der Kommunikation sind einige Veränderungen zu beobachten. Vor allem für den dritten Bereich (Ermöglichung von Zugang zu Nahrung und Gegenständen) konnten bei Martin Fertigkeiten des PECS trainiert werden. Das Handführen zu einem Gegenstand, der sich außerhalb seiner Reichweite befindet (z. B. Orangen, die oben auf dem Regal liegen), konnte durch die (eindeutigere) Karte ersetzt werden. Er kann genau zeigen, was er möchte und nicht nur, dass er etwas aus dem Obstkorb möchte. Ebenso verhält es sich mit Gegenständen, wie z. B. seinen Schuhen. Die Karten können auch seinen Wunsch nach einer Handlung ausdrücken, z. B. wenn er möchte, dass jemand mit ihm nach draußen oder zum Einkaufen geht.

6.1.2 Diskussion ausgewählter Aspekte im Fall Robert

Unter 5.2.3 wurde die Kommunikationsförderung mit dem PECS bei Robert beschrieben. Zuerst werden einige Aspekte der Arbeitsweise besprochen.

Schon als ich im Herbst den Kontakt zu Roberts Schule aufnahm, wurde deutlich, dass die Schule großes Interesse an der *Kommunikationsförderung* hatte und dass schon einige Schritte eingeleitet wurden. Robert benutzte zu dieser Zeit in der Schule bereits eine "Ja/Nein-Karte". Zudem wurde begonnen mit Stütze beim Essen eine Auswahl zu treffen (aus Begriffen), die Namen der Mitschüler sowie das Datum zu zeigen. In einer Einzelförderung wurde Gestützte Kommunikation angebahnt. Bei meinen ersten Besuchen entstand die Idee, dass ich der "Vermittler" zwischen Schule und Heim sein könnte, und die *in der Schule angebahnten Konzepte* ins Heim übertragen kann. Nach einigen Terminen entschied ich mich aber dennoch, das PECS mit einzubeziehen, da es gegenüber den anderen Konzepten einige Vorteile bot (Das Kind ist nicht von einer Stütze abhängig, das Kind kann lernen die Kommunikation selbst zu initiieren und wird nicht nur abgefragt. Die Bildkarten sind von allen Bezugspersonen anwendbar und für jeden verständlich.) Die Mitarbeiter der Wohngruppe unterstützten den Einsatz der Bildkarten und auch die Mitarbeiter der Schule zeigten Interesse. Es ergab sich für mich dann die Möglichkeit für zwei Fördereinheiten mit Robert wöchentlich, einmal in der Schule und einmal im Heim, und zusätzlich die Aufgabe, die Verbindung zwischen Wohnheim und Schule aufrecht zu erhalten und diverse Konzepte aus der Schule zu übertragen.

Sowohl in der Schule als auch in der Wohngruppe kam es zu *erheblichen Anlaufschwierigkeiten* in der Anwendung der Bildkarten. Obwohl ich bei meinen Fördereinheiten versuchte, andere Betreuer mit einzubeziehen, lief das Training durch die Bezugspersonen nur langsam an. Verständlich wird die Verzögerung, wenn man die Wohn- und Schulgruppe als Ganzes betrachtet und einsieht, dass es eine Vielzahl an Aufgaben gibt, die in ihrer Wertigkeit vor der Kommunikationsförderung des Einzelnen stehen. So blieb oft wenig Zeit und Raum für meine Hinweise zur Förderung und deren Umsetzung. Dennoch hatten die Mitarbeiter der Wohngruppe nach einigen Wochen bei den Mahlzeiten den Einsatz der Bildkarten routiniert. In der Schule bekamen die Bildkarten einen Platz in der Auswahl der Pausenaktivitäten.

Im Wohnheim fand das PECS-Training hauptsächlich bei den Mahlzeiten und in kleinen Sequenzen am Nachmittag in der Stube oder in Roberts Zimmer statt. In der Schule waren die *Bedingungen* insofern günstiger, als dass ich mit Robert in einen Extraraum gehen und dort ohne jede Störung mit ihm arbeiten konnte. Zudem war Robert am Vormittag wesentlich konzentrierter und motivierter und die gesamte Förderung dadurch effektiver.

Leider war es sowohl in der Schule als auch im Wohnheim schwierig, *weitere Bezugspersonen in das Training einzubinden.* So musste ich häufig auch die Schritte, für die ein "Schatten" notwendig gewesen wäre, allein trainieren. Die physische Stütze (Handführen, Impulse durch Berührung geben ...) konnte nicht von einer zweiten Person gegeben werden, sodass ich "Schatten" und Kommunikationspartner in einer Person sein musste.
Ein großer Unterschied zwischen Schule und Wohnheim bestand in der *Handhabung der PECS-Bildkarten.* Die Mitarbeiter der Schule setzten die Bildkarten ähnlich wie die schon vorher eingeführte "Ja/Nein-Karte" mit physischer Stütze ein und beantworteten schon das Zeigen auf eine Bildkarte als Aussage. Der tatsächliche Austausch der Bildkarte gegen ein Objekt (als zentrales Element des PECS) wurde nicht trainiert. Dadurch wurde genau die Möglichkeit verhindert, auf die das PECS abzielt, nämlich die unabhängige, selbst initiierte Kommunikation.

In der Kommunikationsförderung mit dem PECS ergaben sich bei Robert einige Probleme, aber auch eine Reihe an Erfolgen. Eine Auswahl wird diskutiert.
Gerade am Nachmittag wurde sehr deutlich, dass Robert *wenig konzentriert* arbeitete. Er zeigte dann durch Mimik und Gestik unmissverständlich, dass er kein Interesse hat, sich mit irgendetwas zu beschäftigen, was nicht seinen eigenen Vorlieben entspricht (stereotyp mit Bausteinen hantieren etc.). In solchen Situationen ergaben sich kaum Möglichkeiten, die Bildkarten einzusetzen, da es keine Objekte gab, die seine Aufmerksamkeit von den Bausteinen hätten ablenken und so die Motivation für den Einsatz der Bildkarten hätten steigern können. Das gleiche Problem ergab sich für die Mitarbeiter der Wohngruppe, die berichteten, dass sich Robert am Nachmittag häufig zurückzog und wenig in Aktivitäten einbezogen werden konnte. Zum Einsatz kam dadurch einige Male die "Ich-möchte-allein-sein"-Karte, die ihm zusammen mit anderen Angeboten unterbreitet wurde und die er auch einige Male wählte.
Als hinderlich erwies sich zudem eine *geringe Anzahl an Gelegenheiten*, in denen der Einsatz einer Bildkarte als sinnvoll erschien. Gerade am Nachmittag in der Wohngruppe fanden sich wenige Objekte und Tätigkeiten, die Robert als Wünsche hätte formulieren können. Zum einen beschäftigte sich Robert bevorzugt recht stereotyp mit Bausteinen und ähnlichen Kleinteilen. Zum anderen gab es in der Wohngruppe feste Pläne für das Durchführen besonderer Aktivitäten, wie z. B. Einkaufen, Snoezelen oder in den Whirlpool gehen, sodass es kaum möglich war, Robert die Auswahl zwischen verschiedenen Aktivitäten anzubieten.

Robert zeigte sehr schnell ein *Verständnis für die Abbildungen* auf den Karten. War er konzentriert, so wählte er sehr schnell deutlich einen wirklichen Wunsch aus. Erschien mir seine Wahl als uneindeutig oder unrelevant, so konnte ich mit der "Ja/Nein"-Karte abfragen, ob die Bildkarte seinem wirklichen Wunsch entsprach. Diese Kontrollmöglichkeit nutzte ich häufig während der gesamten Förderung und konnte ihm dadurch bessere Hilfestellungen geben (Hinweise auf relevante Karten etc.). Ebenso konnte ich ihn bei deutlicher Abneigung gegen eine Situation fragen, ob ich die Bildkarten wegräumen soll, ob ich oder eine andere Person aus dem Raum gehen soll etc.

Sein hohes Sprachverständnis (und auch Schriftverständnis) boten also Vorteile für die Förderung. Allerdings gehe ich davon aus, dass auch einige Probleme damit zusammenhingen. Durch sein deutliches Verstehen von Lautsprache habe ich von Beginn an viele Fragen in der Kommunikationsförderung gestellt, wie z. B. "Womit möchtest du dich beschäftigen?", "Was möchtest du haben?". Dieses Verhalten implizierte, dass die *Kommunikation von mir initiiert* und nicht zu Beginn die Motivation des Kindes trainiert wurde. Das PECS sieht eigentlich vor, dass das Kind die Bildkarten von sich aus nutzt, weil es um ein interessantes Objekt bitten möchte und, dass das Konzept zum Beantworten von Fragen erst später trainiert wird und nur ein Teil der Kommunikation darstellt. Auch die anderen Bezugspersonen nutzten die Bildkarten hauptsächlich, um Wünsche abzufragen und eine Auswahl anzubieten. Die Verbesserung der Motivation zur Kommunikation über die Bildkarten und das Entwickeln der eigenen Initiative wurden vernachlässigt.

Zu Beginn der Förderung benutzte Robert die *Bildkarten an sich als Spielobjekte.* Sie schienen ihn teilweise mehr zu faszinieren als das Objekt, was er mit der zugehörigen Karte hätte bekommen können. Er beklopfte die Bildkarten, schnipste sie über den Tisch und wedelte damit. Dieses Verhalten nahm im Laufe der Zeit ab. Zum einen lag dies vielleicht an der Einführung der Kommunikationstafel, denn dann waren die Karten an der Kommunikationstafel (mit Klettband) befestigt, befanden sich so in einer gewissen Ordnung und luden weniger zum Spielen ein. Außerdem vermute ich, dass Robert das Spielen mit den Karten abbaute, als er deren Funktion als Kommunikationsmittel erkannte und die Bildkarten sicherer zum Ausdrücken von Wünschen einsetzte.

Gerade beim Trainieren des Abstandes fiel mir auf, dass Robert große Schwierigkeiten im *eigenen Antrieb zu einer Handlung* hat. In einer Einheit hatte ich ihm Erdnussflips angeboten. Mit der Kommunikationstafel und mir in Reichweite erledigte

Robert den Austausch der Bildkarte selbstständig. Als ich mich aber weiter von ihm entfernte, fiel es ihm sichtlich schwerer, den Antrieb zur Aktion zu finden. Er zeigte sehr deutlich (vor allem über Mimik), dass er sehr gerne noch mehr Erdnussflips haben möchte, schien aber aus sich selbst heraus nicht den Antrieb zu finden, aufzustehen und mit der Bildkarte zu mir zu kommen (ein "Schatten" zur Impulsgebung wäre dann sehr hilfreich gewesen). Mit der Hilfe über die "Offene Hand" und verbale Aufforderung zum Handeln konnte Robert den Austausch vollziehen. Allerdings war der Abbau dieser Hilfestellungen bis zum Ende der Förderung nicht möglich, da Robert bei seinen Handlungen immer auf den Impuls des Gegenübers wartete (und wenn dies ein fast unmerkliches Kopfnicken war). Nachzuvollziehen ist dieses Verhalten mit den von Dietmar Zöller (2001) beschriebenen Handlungsstörungen (vgl. 2.2.1).
Für die Förderung und das Training des PECS war es notwendig, dass ich *Informationen* über Roberts Verhalten und die Handhabung der Bildkarten *an seine Bezugspersonen* weitergab. Einige Male versuchte ich, Robert anzuregen, mit den Bildkarten einer Bezugsperson eine Bitte mitzuteilen. Es gab dann Situationen, in denen er sich deutlich dagegen wehrte, indem er sich die Ohren zuhielt oder etwas Unrelevantes auswählte. In anderen Momenten wiederholte er Abläufe (z. B. die Auswahl, was er einkaufen möchte) mit einer anderen Person, wenn ich ihn dazu aufforderte, und er ließ es zu, dass ich anderen über Erfahrungen berichtete (er verließ den Raum nicht, obwohl ich es ihm anbot).

Am Ende des PECS-Trainings ergab sich eine Reihe von Ergebnisse für Robert.
Robert hat die erste Stufe des PECS sicher erlernt: Er hat verstanden, dass er im Austausch für eine Bildkarte ein Objekt bekommt. Für den Austausch der Bildkarte gegen ein Objekt sind kaum Hilfen nötig. Oft wartet er auf die "Offene Hand", benutzt diese scheinbar als Antrieb zur eigenen Aktion.
Die zweite Phase des PECS wurde nur teilweise trainiert: In einigen Situationen hat Robert einen Abstand von bis zu drei Metern überwunden. Dabei war Hilfestellung nötig ("Offene Hand", Hinweis auf das Objekt und die Bildkarten).
Die dritte Phase des PECS wurde über einen Großteil der Zeit trainiert: Robert wählte am Ende recht zielsicher aus drei oder vier Bildkarten aus. Er zeigt deutlich Verständnis für die Abbildungen (und die zugehörige Schrift). Dies konnte auch durch Abfragen bestätigt werden (Zeigen auf bestimmte Bildkarten).
Robert benutzt insgesamt 25 Bildkarten. Dazu zählen hauptsächlich Bildkarten für die Mahlzeiten, aber auch für Objekte und Tätigkeiten.

Robert hat jetzt die Möglichkeit, bei Mahlzeiten zu wählen, was er essen und ob er Nachschlag möchte. Durch den Austausch der Bildkarten sind seine Wünsche häufig eindeutig (im Gegensatz zum ungestützten Zeigen auf Begriffe).
Er kann im Freizeitbereich auswählen, womit er sich beschäftigen möchte, was er einkaufen möchte und/oder ob er in Ruhe gelassen werden möchte.
Die Bildkarten werden von Robert noch nicht aus eigener Initiative eingesetzt, sondern nur dann, wenn sie ihm von einer Bezugsperson angeboten werden.
Unter 5.2.2 wurde beschrieben, auf welchem Stand der Kommunikation sich Robert zu Beginn der Förderung befand. Einige Aspekte haben sich deutlich verbessert. Robert kann mit den Bildkarten deutlicher ausdrücken, wenn er eine bestimmte Aktivität ausführen möchte, ein bestimmtes Objekt haben möchte oder allein sein will. Durch die Bildkarten sind seine Äußerungen für alle verständlich und die Kommunikationspartner müssen nicht seine Verhaltensweisen interpretieren. Durch den zusätzlichen Einsatz der "Ja/Nein"-Karte können außerdem Missverständnisse schneller abgebaut werden und Robert kann Entscheidungen (z. B. über Aktivitäten) selbstständiger treffen.

6.1.3 Diskussion ausgewählter Aspekte im Fall Tanja

Die Förderung mit dem PECS wurde unter 5.3.3 beschrieben. Nachfolgend werden einige Aspekte bezüglich der Arbeitsweise, der Entwicklungen und der Ergebnisse diskutiert.

Die Kommunikationsförderung mit dem PECS fand bei Tanja in der Wohngruppe statt. Ebenso wie bei den anderen beiden Kindern versuchte ich, die *Mitarbeiter der Wohngruppe* in das Training einzubeziehen. Frau H., die Gruppenleiterin, war von Anfang an sehr interessiert und unterstützte die Förderung. Durch die Arbeitsaufteilung der Betreuer konnte leider nicht zu garantiert werden, dass ich jede Woche den gleichen Ansprechpartner hatte. So kam es auch dazu, dass die einzelnen Mitarbeiter ständig auf einem unterschiedlichen Informationsstand bezüglich der Kommunikationsförderung mit Tanja waren. Sicher auch aufgrund von Interesse und/oder Vorbehalten gegenüber alternativen Kommunikationsmethoden unterschied sich die Intensität, mit der die einzelnen Betreuer mit Tanja arbeiteten. Frau H. setzte die Bildkarten recht häufig ein und bei den Mahlzeiten wurde die Bildkarte "Tasse" bald routiniert von allen eingesetzt.

Zur Einzelförderung (zum Anbahnen neuer Phasen etc.) konnte ich mit Tanja entweder in der Wohnstube oder in ihrem Zimmer arbeiten. Da sie immer als erste aus der Schule kam, wurden wir wenig durch andere Bewohner gestört. Das *Setting* erwies sich als günstig.
Leider gelang es nicht, die *Schule und das Elternhaus* in die Kommunikationsförderung mit einzubeziehen. In einem Brief hatte ich beide über die Arbeit mit dem PECS informiert und darauf hingewiesen, dass es günstig wäre, in allen Lebensbereichen damit zu arbeiten. Von den Eltern kam keine Reaktion und von der Schule der Hinweis, dass schon seit geraumer Zeit PCS-Symbole mit Tanja genutzt werden.
Die Förderung mit dem PECS konnte sich bei Tanja ziemlich genau *an den Phasen orientieren*. Nach der Einführung einzelner Karten wurde die Kommunikationstafel eingeführt, der Abstand trainiert und im Anschluss daran die Unterscheidung der Bildkarten geübt. Durch den unterschiedlichen Informationsstand der Mitarbeiter kam es schon zu Beginn dazu, dass Tanja bei den Mahlzeiten eine Auswahl angeboten wurde. Ein Mitarbeiter hatte ihr sowohl eine Tasse als auch einen Handschuh als Bildkarte angeboten, um zu beobachten, ob sie die für die Situation relevante Bildkarte nimmt. Dies widerspricht den Absichten des PECS, welches vorsieht, dem Kind Bildkarten anzubieten, deren zugehörige Objekte dem Kind dann auch zur Verfügung stehen können. Wenn Tanja die Handschuh-Karte gewählt hätte, dann hätte der Mitarbeiter ihr dies verweigern müssen, da sie sich sonst bei den Mahlzeiten auch nicht mit einem Handschuh beschäftigen darf. Die *Erwartungen der Mitarbeiter* beeinflussten also die Arbeitsweise. Zum Glück trat solches Verhalten nicht häufig auf, da sich sonst möglicherweise Tanjas Motivation für den Einsatz der Bildkarten verringert hätte.

Im Laufe der Kommunikationsförderung mit dem PECS konnten zahlreiche Teilerfolge beobachtet werden. Daneben traten auch diverse Probleme auf. Einige Aspekte im Verlauf der Förderung werden diskutiert.
Als Problem für die Förderung ergab sich die Tatsache, dass es nur *wenige Objekt*e gab, die für Tanja interessant genug waren, um sie zur Kommunikation zu motivieren. Sie beschäftigt sich hauptsächlich mit *Handschuhen*, die sie betrachtet, oder sie zerreißt Zeichenblätter. Manchmal möchte sie malen (mit Bleistift oder mit Farbe) oder in Katalogen blättern. Damit erschöpft sich das Repertoire an für sie interessanten Tätigkeiten. Häufig ist jedoch der Handschuh das Objekt, was sie am meisten fasziniert. Dies hat den Vorteil, dass Handschuhe sich gut eignen, Tanja zum Benutzen

der Bildkarten anzuregen. Es hat aber auch den Nachteil, dass die Konsequenz (ihr den Handschuh dann auch immer zu geben) ihre Fixierung auf das Objekt verstärkt und ihren Frust ansteigen lässt, wenn man den Handschuh abnimmt, um einen Vorgang (z. B. zum Erweitern des Abstandes) wiederholt zu üben. Ebenso verhält es sich mit den Zeichenblättern, um die sie bittet. Sie zerreißt diese dann systematisch, betrachtet sie eine Weile und bittet dann um ein weiteres Blatt. Natürlich ist dieser Wunsch eine gute Möglichkeit, die Bildkarten einzusetzen und z. B. die Unterscheidung zu trainieren (indem man neben der Bildkarte für das Zeichenblatt noch unrelevante Objekte anbietet), aber es unterstützt ihre stereotypen Interessen. Ich bin der Meinung, dass man ihr durchaus einen gewissen Raum für ihre stereotypen Vorlieben gestatten und ihr als Möglichkeit der Selbstbestimmung neben diversen Freizeitangeboten auch von Zeit zu Zeit Bildkarten anbieten kann, mit denen sie um einen Handschuh oder ein Zeichenblatt bitten könnte.

Tanja zeigt *kein deutliches Sprachverständnis.* Deshalb habe ich in einer Trainingssitzung eine Bildkarte benutzt, um mir von ihr ein Objekt geben zu lassen. Sie hat sofort darauf reagiert und mir das Objekt gegeben. Da dies nicht die Absicht des PECS ist, habe ich in der weiteren Förderung darauf verzichtet, die *Bildkarten auch als Ausdruck meiner Wünsche an sie* zu benutzen. Ich bin aber davon überzeugt, dass sich hier eine Möglichkeit für die Bezugspersonen bietet, Tanja Informationen eindeutig und für sie verständlich mitzuteilen. So habe ich gegen Ende des Trainings eine Bildkarte angefertigt, die einen durchgestrichenen Handschuh abbildet und sich von den anderen Karten unterscheidet (in Farbe und Größe). Diese kann von den Mitarbeitern eingesetzt werden, wenn Tanja um einen Handschuh bittet (oder sich gerade mit einem Handschuh beschäftigt) und diesen aber wegräumen soll (weil gegessen wird, eine andere Aktivität angeboten wird o. Ä.). Zu beachten ist, dass solche Verbotskarten vor allem zu Beginn der Förderung nicht eingesetzt werden sollen, damit das Kind nicht die Motivation verliert. Einfacher wäre es dann, ihr nicht die Bildkarte für den Handschuh an der Kommunikationstafel zur Verfügung zu stellen. Bildkarten für die Betreuer sind aber auch in anderen Bereichen unabhängig von der Kommunikation mit dem PECS denkbar (um Vorhaben anzukündigen, ihr bestimmte Aufgaben zuzuteilen etc.).

Es wurde eben schon erwähnt, dass vor allem zu Beginn der Förderung *die Wünsche des Kindes konsequent beantwortet* werden sollen. Daraus ergaben sich vor allem bei den Mahlzeiten Probleme für die Mitarbeiter der Wohngruppe. Es kam zu Situationen, in denen Tanja um unverhältnismäßig viel zu Trinken bat und Momente, in de-

nen sie überhaupt kein Interesse an einem Getränk zeigte. Den Mitarbeitern fiel es schwer, ihre Wünsche konsequent zu beachten und sie nicht zu beeinflussen. Orientiert am PECS gibt es nur die Möglichkeiten, auf das zur Verfügung stehende Objekt, in dem Falle das Getränk, hinzuweisen und abzuwarten, ob sie Interesse zeigt oder die zugehörige Bildkarte von der Kommunikationstafel zu entfernen, wenn die Bezugsperson nicht möchte, dass das Kind weiteren Zugang zum Objekt (oder zum Getränk) bekommt.
Wie schon erwähnt, konnte ich mich bei der Förderung von Tanja gut an den Phasen des PECS orientieren. Ebenso erfolgreich verlief das *Ausblenden der Hilfestellungen.* Die physische Unterstützung beim Austausch der Bildkarte gegen ein Objekt konnte bereits in der ersten Trainingseinheit abgelegt werden. Das Zurücknehmen der "Offenen Hand" als Aufforderung zum Austausch wurde innerhalb einiger Wochen abgebaut. Am Ende konnte Tanja aus eigener Motivation heraus den Austausch einer Bildkarte initiieren. Ebenso lernte sie, die Aufmerksamkeit einer Bezugsperson zu erregen, wenn sie einen Wunsch äußern wollte. Sie ging am Ende in einzelnen Situationen auch auf mich (oder eine andere Bezugsperson) zu, auch wenn ich (oder die andere Person) deutlich mit etwas anderem beschäftigt war und ihr keine Aufmerksamkeit schenkte.
Gerade weil Tanja in der Lage ist, die Bildkarten selbstständig einzusetzen, wäre es wünschenswert, dass die *Kommunikationstafel einen festen Platz* im Gruppenraum bekäme, sodass Tanja ständig die Möglichkeit hätte, die Bildkarten zu benutzen. Es hat bis jetzt noch nicht funktioniert, die Kommunikationstafel fest zu installieren, da die Mitarbeiter befürchten, dass die anderen Bewohner dies nicht annehmen und möglicherweise die Tafel oder einzelne Karten beschädigen.
Beim Trainieren der Auswahl aus den Bildkarten wurde bis zum Ende nicht deutlich, ob Tanja wirklich *zwischen den Abbildungen diskriminiert.* Häufig scheint es, als ob sie die Karten durchprobiert, bis sie mit einer Bildkarte zum gewünschten Erfolg kommt. Bei genauer Beobachtung konnte ich feststellen, dass sie in manchen Situationen durchaus die Abbildungen betrachtet und gezielt eine Bildkarte wählt. In anderen Situationen wird deutlich, dass sie den konkreten Abbildungen keine Aufmerksamkeit widmet und jeweils eine Karte von derselben Position auf der Tafel abnimmt (auch wenn diese ausgetauscht wurde und sich nun eine unrelevante Bildkarte an der Stelle befindet, an der sich vorher eine interessante Karte befand). Tanja wehrt dann das zugehörige (unrelevante) Objekt ab und reagiert nach einem Hinweis auf die relevante Karte richtig.

Das *Durchprobieren der Bildkarten* setzt Tanja auch ein, wenn sie einen ganz konkreten Wunsch hat, für den es keine Bildkarte gibt. Die Mitarbeiter aus der Wohngruppe berichteten, dass Tanja einmal mit der Handschuh-Karte um einen Handschuh bat und einen Handschuh bekam, den sie nicht wollte. Sie probierte dann alle anderen Karten aus, um an den gewünschten Handschuh zu kommen. In dieser Situation fehlte Tanja die Möglichkeit, ihren Wunsch zu präzisieren. Es wäre durchaus denkbar, dass in der weiteren Förderung Bildkarten für Eigenschaften (Farben, Größen, Ort, an dem sich das Objekt befindet ...) eingeführt werden, die eine genauere Beschreibung der Wünsche zulassen.

Am Ende der Förderung im Rahmen dieser Arbeit hat Tanja einige Fähigkeiten und Fertigkeiten des PECS erlernt.
Tanja hat die erste Stufe des PECS sicher erlernt: Sie hat verstanden, dass sie im Austausch für eine Bildkarte ein Objekt bekommt. Für den Austausch der Bildkarte gegen ein Objekt sind keine Hilfen nötig ("Offene Hand", physische Unterstützung).
Die zweite Phase des PECS wurde in einigen Sitzungen teilweise trainiert: Tanja hat gelernt, den Abstand zwischen ihr und einer Bezugsperson sowie zur Kommunikationstafel zu überwinden. In einigen Situationen ist sie mit einer ausgewählten Bildkarte von einem Raum in einen anderen gegangen, um ihren Wunsch gegenüber einer Bezugsperson zu verdeutlichen. Sie geht auch zu Personen, die ihr keine Aufmerksamkeit widmen und gerade mit einer anderen Tätigkeit beschäftigt sind.
Die dritte Phase des PECS wurde ebenfalls trainiert: In manchen Situationen scheint Tanja zielsicher auszuwählen, in anderen wiederum sieht es so aus, als ob sie die zur Auswahl stehenden Bildkarten durchprobiert, bis sie zum gewünschten Erfolg kommt. Die Bildkarten "Handschuh" und "Zeichenblatt" wählt sie in fast allen Fällen sicher aus.
Insgesamt benutzt Tanja zehn Bildkarten.
Bei den Mahlzeiten hat sie mit Hilfe einer kleinen Kommunikationstafel die Möglichkeit, Essen und Trinken auszuwählen sowie durch wiederholten Austausch einer Bildkarte anzuzeigen, dass sie noch mehr haben möchte.
Die Bildkarten werden von Tanja z. T. schon aus eigener Initiative eingesetzt, also auch in Situationen, in denen keine Bezugsperson auf die Tafel hinweist.
Verglichen mit dem Stand der Kommunikation (siehe 5.3.2), den Tanja zu Beginn der Förderung zeigte, haben sich einige Veränderungen ergeben. Zeigte Tanja bisher häufig Aggressionen, um sich den Zugang zu Nahrungsmitteln oder Gegenständen zu

ermöglichen, so kann sie dies nun in einer Vielzahl von Situationen durch eine Bildkarte ersetzen. Gerade bei den Mahlzeiten hatte Tanja es sich angewöhnt, mit dem Arm gegen die Tischkante oder das Stuhlbein zu schlagen, wenn sie noch etwas trinken oder essen wollte. Dieses Verhalten ist nicht mehr zu beobachten. In den anderen Bereichen haben sich bisher keine deutlichen Veränderungen gezeigt, was nachzuvollziehen ist, da der Schwerpunkt der Förderung mit dem PECS zu Beginn im Ausdrücken von Wünschen besteht. Soziale Konzepte der Kommunikation (Befindlichkeiten, Protest ...) wurden noch nicht trainiert.

6.2 Vergleich der drei Fälle hinsichtlich Arbeitsweise, Entwicklung und Ergebnissen

6.2.1 Arbeitsweise

In den vorangegangenen Abschnitten habe ich die Arbeitsweise in den einzelnen Fällen beschrieben und einige Aspekte diskutiert. Nun werde ich Gemeinsamkeiten und Unterschiede aufführen.

In allen drei Fällen habe ich *Bezugspersonen* des jeweiligen Kindes in die Kommunikationsförderung miteinbezogen. Bei Martin gelang es, sowohl eine Mitarbeiterin der Kindertagesstätte als auch die Eltern und somit seine Hauptbezugspersonen anzuleiten. Bei Robert wurden hauptsächlich die Mitarbeiter der Wohngruppe, aber auch teilweise die Mitarbeiter in der Schule einbezogen. An die Eltern wurden Informationen und Material weitergegeben. Allerdings gab es keine Rückkopplung über Einsatz der Bildkarten, Arbeitsweise, Probleme und Erfolge. Bei Tanja nahmen nur die Mitarbeiter der Wohngruppe an der Förderung teil. Weitere Hauptbezugspersonen (Mitarbeiter der Schule und die Eltern) wurden über die Förderung informiert; eine Zusammenarbeit ergab sich jedoch nicht.

Aus den beteiligten Bezugspersonen lassen sich in allen Fällen auch die *Bereiche* ableiten, *in denen das PECS eingesetzt wurde*. Bei Martin fand das PECS in der Kindertagesstätte und im Elternhaus Anwendung, wobei meine Fördereinheiten fast ausschließlich in der Kindertagesstätte stattfanden. Meine Fördereinheiten mit Robert konnten über einen Großteil der Zeit sowohl in der Schule als auch in der Wohngruppe stattfinden. Die Betreuer in beiden Bereichen setzten die Bildkarten auch selbstständig ein. Bei Tanja beschränkte sich die Förderung (meinerseits und durch weitere Betreuer) auf die Wohngruppe.

In allen drei Fällen sah ich *meine Aufgabe* sowohl in der konkreten Förderung als auch in der Anleitung der Bezugspersonen. In den regelmäßigen Fördereinheiten wurden die Fertigkeiten und Fähigkeiten der einzelnen Phasen angebahnt und trainiert. Die Anleitung der Bezugspersonen fand sowohl praktisch, in der Arbeit mit dem Kind, als auch in Gesprächen statt. Bei den Bezugspersonen von Martin fand ich mich häufig auch in der Rolle des "Autismusexperten" wieder, denn die Gespräche gingen über den Bereich der Kommunikationsförderung mit dem PECS hinaus. Bei Robert kam für mich noch die Rolle des Vermittlers zwischen Schule und Wohnheim dazu. Verschiedene, in der Schule eingeführte Konzepte sollte ich in den Wohnheimalltag übertragen. Nur bei Tanja wurde ich meiner Meinung nach eindeutig in der Rolle der PECS-Therapeutin gesehen.

Das *Training der einzelnen Fähigkeiten* verlief mit unterschiedlicher Konsequenz. Obwohl das Interesse bei allen Bezugspersonen vorhanden war, dauerte es doch einige Wochen, bis der Einsatz der Bildkarten routiniert werden konnte. Bis zum Ende haben sowohl die Mitarbeiter in Roberts Schule als auch die Betreuerin von Martin in der Kindertagesstätte nur wenige Gelegenheiten gefunden (bzw. geschaffen), in denen die Bildkarten verwendet wurden. Ein noch größeres Problem bot für alle Beteiligten die Dokumentation. Ich bin sicher, dass in keinem der Fälle alle Anwendungen dokumentiert wurden. Vor allem die Mitarbeiter im Heim beschrieben, dass sie häufig das Dokumentieren vergessen, da sie sich besonders bei den Mahlzeiten nicht die Zeit dazu nehmen können. In Gesprächen habe ich versucht, wenigstens annähernd abschätzen zu können, wie häufig die Bildkarten eingesetzt wurden und mit welchen Erfolgen und Problemen.

In allen drei Fällen kam es z.T. zu *Abweichungen von der Arbeitsweise* des PECS durch die Bezugspersonen. Sowohl bei Martin als auch bei Robert wurde das Zeigen auf eine Bildkarte als Wunsch beantwortet, bei Martin auch das Abgeben von zwei Bildkarten anstatt einer. Bei Tanja und auch bei Martin boten die Bezugspersonen Bildkarten zur Auswahl an, obwohl diese Phase noch nicht angebahnt worden war. Diese Verhaltensweisen weichen von den Ideen des PECS ab und erschweren konsequentes Training.

In allen drei Fällen ging der *Einsatz der Bildkarten* immer von den Bezugspersonen aus. Die Bezugspersonen (ich eingeschlossen) haben dem Kind in bestimmten Situationen die Bildkarten (und die Kommunikationstafel) angeboten und nicht dann zur Verfügung gestellt, wenn das Kind durch sein Verhalten einen Wunsch verdeutlichte. Bei allen drei Kindern hat die Kommunikationstafel bis zum Ende des Trainings noch keinen festen Platz gefunden, sodass sich kaum Situationen ergaben, in denen die Kinder spontan eine Karte einsetzen könnten.

6.2.2 Entwicklung

So unterschiedlich wie die Persönlichkeiten der Kinder und die jeweiligen Ausgangslagen waren, so unterschiedlich ergab sich auch der *Umgang mit dem PECS* von Seiten der Kinder. Tanja hat die *Bildkarten* relativ problemlos angenommen und sehr schnell den Austausch einer Bildkarte gegen ein Objekt gelernt und angewendet. Einzige Ausnahme bildete die Handschuh-Bildkarte, da diese an sich ihre Aufmerksamkeit erregte und somit zu Beginn nicht nur zum Austausch, sondern auch zum Betrachten benutzt wurde. Martin reagierte in den ersten Wochen häufig mit Abneigung gegen die Bildkarten, knickte sie und biss auf ihnen herum. Vermutliche Gründe für dieses Verhalten wurden bereits angesprochen. Robert war zu Beginn von den Bildkarten als Spielobjekte fasziniert und ließ sich durch das Hantieren mit ihnen vom eigentlichen Vorhaben, dem Austausch, ablenken. Gegen Ende haben sowohl das aggressive Verhalten bei Martin als auch der unangemessene Gebrauch der Bildkarten bei Robert abgenommen und ich bin überzeugt, dass alle Kinder die Handhabung der Bildkarten verstanden haben.

Die zugehörigen *Kommunikationstafeln* wurden von den drei Kindern problemlos angenommen. Bei Martin zeigte sich dadurch sogar deutlich eine Verbesserung im Umgang mit dem PECS, da er beim Abnehmen der Bildkarten von der Tafel wesentlich zielgerichteter vorging, als bei einer Auswahl von losen Bildkarten auf dem Tisch. Bei Robert und Tanja wurden zusätzlich kleine Tafeln eingeführt, deren Handhabung beide in kürzester Zeit selbstständig erlernten.

Nur Tanja zeigte bei den Trainingseinheiten etwa gleichbleibende *Konzentration und Ausdauer*. Bot ich ihr die Kommunikationstafel und einige Bildkarten an, so beendete sie meist die Tätigkeit, mit der sie gerade beschäftigt war und wendete sich mir zu. Ihre Aufmerksamkeit blieb während dem gesamten Zeitraum bestehen. Die beiden

Jungen zeigten z.T. große Auffälligkeiten in ihrer Konzentration. Beide waren sehr aktiv und nicht immer leicht zum Training zu motivieren. Bei Martin zeigte sich, dass er sich wesentlich besser konzentrieren konnte, wenn er am Tisch saß und wenn ihn wenige Hintergrundgeräusche von der Aufgabe ablenkten. Auch Roberts Ausdauer wurde von seiner eigenen Aktivität beeinträchtigt. Insgesamt war seine Motivation am Vormittag erheblich besser als am Nachmittag.

Dieses Verhalten wirkte sich bei den Jungen auch nachteilig auf das *Trainieren der Abstandserweiterung* aus. Sobald ich mich von ihnen entfernte, wurden sie zunehmend unruhig und schneller durch andere Reize abgelenkt. Auch Tanja zeigte etwas Unruhe, als ich mich das erste Mal weiter von ihr entfernte. Sie benötigte dann deutlich mehr Hilfestellung, behielt aber ihre Konzentration auf die Bildkarten und das gewünschte Objekt und lernte innerhalb weniger Sitzungen einen Abstand von mehreren Metern zur Kommunikationstafel und zu einer Bezugsperson zu überwinden.

Bei allen drei Kindern wurde auch das *Auswählen einer Bildkarte* aus zwei oder mehr Bildkarten trainiert. Bei Tanja und Martin zeigte sich, dass sie in manchen Situationen durchaus zielgerichtet auswählten, in anderen wiederum der Abbildung scheinbar keine Aufmerksamkeit schenkten. Dann probierten sie alle zu Verfügung stehenden Bildkarten durch, bis sie das gewünschte Objekt für eine Bildkarte erhielten, ohne die Abbildung zu betrachten. Auch Robert nahm nicht immer die Bildkarte, die seinem Wunsch entsprach. Allerdings bin ich mir sicher, dass er die Bildkarten in jedem Fall deutlich unterscheiden konnte. Eine unrelevante Bildkarte bedeutete dann, dass er etwas wollte, was gar nicht angeboten wurde oder dass er die Anwendung des PECS in dem Moment ablehnte und gar keine Aussage machen wollte.

Zum Anbahnen der Fähigkeiten und Fertigkeiten der einzelnen Phasen wurden die *Hilfestellungen* eingesetzt, die das PECS anbietet. Dazu zählen verbale Hinweise, Gesten (wie z. B. die "Offene Hand") und physische Unterstützung, z. B. durch das Führen der Hand. Bei Tanja wurden weniger verbale Hinweise eingesetzt, da ihr Sprachverständnis nicht deutlich erkennbar ist. Alle Kinder wurden zu Beginn physisch beim Austausch der Bildkarten gegen ein Objekt unterstützt. Diese Hilfestellung konnte bei allen innerhalb kürzester Zeit ausgeblendet werden. Gesten wurden bei allen Kindern eingesetzt, um auf die Bildkarte und/oder das jeweilige Objekt hinzuweisen. Diese Hilfen wurden bei Tanja verstärkt benutzt, um die fehlenden Hinweise über die Sprache auszugleichen. Gesten wurden bis zum Ende des Trainings vor allem dann eingesetzt, wenn das Kind auf Fehler hingewiesen werden sollte. Hat ein Kind z. B. eine unrelevante Bildkarte ausgewählt, so wurden ihm die relevante Karte und das zugehörige Objekt gezeigt, um dem Kind beim nächsten Versuch den Erfolg zu garantieren. Die Geste "Offene Hand" wurde den Kindern angeboten, um sie zum Austausch anzuregen. Bei Tanja konnte diese Hilfestellung sukzessive ausgeblendet werden, bei Martin und Robert war sie bis zum Ende noch nötig. Vor allem bei Robert fiel auf, dass er auf diese Geste als Antrieb zum eigenen Handeln angewiesen war und von sich aus nicht die Motivation zum Austausch gefunden hat.

6.2.3 Ergebnisse

In folgender Tabelle werden die Ergebnisse zusammengefasst, welche die Kinder am Ende der Kommunikationsförderung durch das PECS erreichten:

	Martin	Robert	Tanja
Gesamtanzahl der verwendeten Karten	19	26	10
Häufig verwendete Bildkarten	Schuhe Orange Auto fahren Trinken	Trampolin verschiedene Speisen Buch	Handschuh Zeichenblatt Tasse
Anzahl Bezugspersonen für PECS	drei	sieben	sechs
Erreichte Phasen des PECS	Phase I, II und III wurden begonnen	Phase I und III, II wurde begonnen	Phase I und II, III wurde begonnen
Austausch Bildkarte gegen Objekt	erfolgreich	erfolgreich	erfolgreich
Benutzen der Kommunikationstafel	erfolgreich	erfolgreich	erfolgreich
Überwindung eines Abstandes von ...	maximal drei Metern (mit Hilfestellung)	maximal drei Metern (mit Hilfestellung)	über sechs Metern (ohne Hilfestellung)
Auswahl aus ...	zwei bis drei Karten (nicht immer sicher)	vier Bildkarten (relativ sicher)	zwei bis drei Karten (nicht immer sicher)

Bereiche, in denen das PECS angewendet wurde	Mahlzeiten, bestimmte Objekte und Tätigkeiten	Mahlzeiten, bestimmte Objekte und Tätigkeiten	Mahlzeiten, bestimmte Objekte
Initiative/Motivation	keine eigene Initiative	keine eigene Initiative	Ansätze eigener Initiative deutlich

Abb. 8: Darstellung der Ergebnisse der Kommunikationsförderung mit dem PECS

7 PECS als Möglichkeit zur Kommunikationsförderung für Menschen mit Autismus – Diskussion und Fazit

"Der Einsatz des Picture Exchange Communication Systems (PECS)
ist eine Möglichkeit
zur Verbesserung der Kommunikation
und somit der Interaktion
autistischer nichtsprechender Menschen mit ihrer Umgebung."
(Zentrale These der vorliegenden Arbeit)

Nach der Erprobung des PECS in der Kommunikationsförderung mit drei autistischen Kindern bin ich davon überzeugt, dass es sich beim PECS um ein System handelt, mit dem die Kommunikation autistischer nichtsprechender Menschen mit ihrer Umgebung verbessert werden kann. Die zentrale These dieser Diplomarbeit kann bestätigt werden.

Alle drei Teilnehmer dieser Studie haben mit PECS kommunikative Fähigkeiten erlernt, die sie bisher nicht angewendet hatten. Zudem konnten Verhaltensweisen, die vorher zur Kommunikation genutzt wurden, durch eindeutigere Kommunikation mit Bildkarten ersetzt werden. Natürlich lässt sich daraus nicht schlussfolgern, dass PECS bei allen Personen mit Autismus erfolgreich eingesetzt werden kann, aber es ist davon auszugehen, dass jede Person bei konsequentem Training zumindest die ersten Stufen des PECS erreichen kann.

Frost und Bondy (1994) bestätigen dies durch ihre Erfahrungen. Auch auf der Bundestagung des Vereins "Hilfe für das autistische Kind e. V. " im Jahr 2002 wurde das PECS vorgestellt. Die Kölner Autismusambulanz arbeitete seit ca. zwei Jahren nach diesem System und berichtete ebenfalls, dass dort alle Personen, mit denen nach dem PECS gearbeitet wurde, zumindest die erste Stufe erreichten (Buchenau & Lechmann, 2002). Es wird ersichtlich, dass die Methode nun auch in Deutschland beginnt, Fuß zu fassen.

Das PECS bietet der autistischen Person und ihrer Umgebung vielfache Möglichkeiten der Verbesserung der Kommunikation. Allerdings hat es auch Grenzen.

Unter Berücksichtigung der praktischen Erfahrungen mit dem PECS und den theoretischen Grundlagen bezüglich der kommunikativen Besonderheiten autistischer Menschen werden nun einige Punkte im Zusammenhang mit dem PECS diskutiert. Unter 7.1 werden verschiedene Aspekte angesprochen, wie z. B. notwendige Voraus-

setzungen, Hinweise zum Ort der Förderung und zur Zusammenarbeit mit den Bezugspersonen sowie Möglichkeiten und Grenzen der Kommunikationsförderung mit dem PECS.
Im Anschluss werden Verbindungen zu den theoretischen Grundannahmen dieser Arbeit hergestellt. Unter 7.2 wird das PECS im Zusammenhang mit den Besonderheiten der Kommunikation autistischer Menschen (vgl. 2.1) betrachtet. Zudem wird überprüft, ob die möglichen Ursachen (vgl. 2.2) der Wirkungsweise des PECS entsprechen oder widersprechen und ob die Arbeitsweise des PECS mit den Hinweisen von Experten (vgl. 2.3.1) zu vereinbaren ist.

7.1 Diskussion einzelner Aspekte des PECS

7.1.1 Voraussetzungen

Für die Anwendung des PECS müssen sowohl beim Kind als auch in der Umgebung bestimmte Voraussetzungen erfüllt sein. Das nichtsprechende autistische Kind muss ein Interesse an der Interaktion mit anderen sowie einen gewissen Grad an Aufmerksamkeit und Ausdauer mitbringen. Zudem muss es Vorlieben für bestimmte Objekte zeigen, und das Verlangen nach diesen Objekten muss sich als Motivation zur Interaktion eignen.
Das Kind lernt während der Förderung, den Zusammenhang zwischen einer Bildkarte und einem Objekt herzustellen. Dennoch ist es notwendig, dass das Kind über ein gewisses Abstraktionsvermögen verfügt, um das Unterscheiden der Symbole zu erlernen. Von Vorteil ist, wenn das Kind deutlich über Sprachverständnis verfügt, da das PECS mit verbalen Anleitungen und Hilfestellungen arbeitet. Das Kind muss Berührungen zulassen können, damit es vor allem in den ersten Phasen beim Austausch der Bildkarte gegen ein Objekt geführt werden kann und nicht aufgrund von taktiler Übersensibilität die physische Unterstützung nicht in Anspruch nehmen kann.

Auch an die Umgebung wird eine Reihe von Bedingungen gestellt. So muss Material für das Herstellen der Bildkarten und der Kommunikationstafel vorhanden sein. Dazu gehört auch ein umfangreiches Symbolprogramm, wie beispielsweise der auch für diese Arbeit verwendete "Boardmaker" mit Mayer-Johnson Picture Communication Symbols (PCS). Es werden ausreichend Objekte oder Nahrungsmittel benötigt, die für den Austausch in Frage kommen. Zu den Grundvoraussetzungen zählen eine hohe Motivation bei den Bezugspersonen und die Möglichkeit, Personen aus allen Lebensbereichen des Kindes in die Förderung mit einzubeziehen. Zudem bedeutet die Anwendung des PECS einen enormen Zeitaufwand für alle Beteiligten. Es ist ausreichend Zeit für die Förderung in einem festen Setting sowie in alltäglichen Situationen und für die gesamte Dokumentation einzuplanen. Für die Anbahnung einzelner Fähigkeiten und Fertigkeiten wird ein Raum benötigt, in dem sich das Kind auf das Training konzentrieren kann und in dem Ablenkungsfaktoren (Geräusche, andere Personen etc.) ausgeschaltet werden können.

7.1.2 Personenkreis

Das PECS wurde speziell für die Kommunikationsförderung nichtsprechender autistischer Kinder im Vorschulalter entwickelt. Frost und Bondy (1994) selbst haben die Anwendung des PECS auf autistische Menschen verschiedener Altersstufen ausgedehnt. Ich denke, dass das PECS mit Sicherheit nicht an eine Altersstufe gebunden ist und dass auch ältere nichtsprechende autistische Menschen davon profitieren können. Zudem halte ich es für denkbar, dass das PECS genau wie andere Methoden der Unterstützten Kommunikation eine Hilfe für Menschen mit anderen Beeinträchtigungen darstellen könnte. Ich denke hier vor allem an Personen mit einer geistigen Beeinträchtigung, wie z. B. Menschen mit Down-Syndrom, die nur über eine schwer verständliche Lautsprache verfügen. Für diese Menschen könnte PECS eine Ergänzung zur Lautsprache darstellen, die besser für die Bezugspersonen und vor allem für Fremde zu verstehen ist, da die Bilder auf den Karten durch die zugehörigen Begriffe ergänzt werden.

Der Einsatz des PECS ist meiner Ansicht nach bei all jenen Personen denkbar, welche über keine oder nur schwer verständliche Lautsprache verfügen, aber dennoch in der Lage sind, Symbole zu verstehen. Zudem müssen sie motorische Fertigkeiten beherrschen, die zum Austausch der Bildkarte gegen das Objekt nötig sind.

7.1.3 Ort der Förderung

Sowohl Frost und Bondy (1994) als auch die Mitarbeiter der Kölner Autismusambulanz (Buchenau & Lechmann, 2002) beschreiben die Arbeit mit dem PECS in einem therapeutischen Setting. Es sind zwei Trainer notwendig. Vor allem die Trainingssituationen zu Beginn der Förderung, werden geschaffen, sind also künstlich. Durch Beobachten und Testen werden beliebte und weniger beliebte Objekte für das Kind ausgewählt, die eingesetzt werden, um den Austausch der Bildkarten zu erlernen. Vor allem die Strukturen zu Beginn der Förderung mit dem PECS sind sehr konkret vor-

gegeben: Es gibt einen festen Platz für das Kind, die Bildkarte, das Objekt und die Bezugspersonen. Meist findet die Förderung auch zu einem festen Zeitpunkt statt und die Trainer planen den Ablauf der Fördereinheit. Diese Tatsachen widersprechen meiner Ansicht nach dem eigentlichen Grundgedanken des PECS: der Förderung der Eigeninitiative und der Motivation zur Kommunikation vom Kind aus.
Es ist zu überlegen, ob es nicht sinnvoller wäre, das Training von Beginn an in die Alltagsumgebung des Kindes zu legen. Das würde bedeuten, dass die Förderung im Elternhaus und in der Kindertagesstätte bzw. der Schule stattfindet, in einer für das Kind gewohnten Umgebung. Als Gegenstand der Förderung könnten dann Objekte eingesetzt werden, mit denen sich das Kind auch im Alltag gern und viel beschäftigt. Die Förderung wäre zudem auch zu den Mahlzeiten denkbar, bei denen das Kind mit Hilfe von Bildkarten seine Wünsche äußern lernen könnte.
Aus einem Training im Alltag ergibt sich eine Reihe an Vorteilen: Der PECS-Trainer muss nicht an einem Punkt der Förderung die Übertragung in den Alltag trainieren, da das Kind die Bildkarten bereits im Alltag verwendet. Dem Kind werden von Anfang an Angebote in natürlichen Situationen gemacht. Nicht erst wenn die Rosinen auf dem Tisch liegen und das Kind danach greift, wird die Bildkarte eingesetzt, sondern wenn das Kind die Mutter an der Hand zum Küchenschrank führt, wo die Rosinen aufbewahrt werden.

Frost und Bondy (1994) geben den Hinweis, so viele Situationen wie möglich an einem Tag zu schaffen, allerdings müssen dann auch alle Bezugspersonen instruiert sein. Ich denke, dass die Alltagssituationen gegenüber den "künstlichen" Situationen am Tisch überwiegen sollten und dass von Anfang an alle Bezugspersonen an dem System mitarbeiten sollten. Bekommt das Kind in vielen Situationen von verschiedenen Bezugspersonen Bildkarten angeboten, so kann es vermutlich schneller generalisieren, dass es diese Bildkarten vielseitig einsetzen kann.
Ein Punkt ist bei dieser Diskussion zu beachten. Es gibt mit Sicherheit Fälle, in denen die Förderung in einem künstlichen Setting vorgezogen werden sollte, z. B. wenn ein Kind in gewohnter Umgebung wesentlich stärkere Fixierungen oder Verhaltensauffälligkeiten zeigt als in einer fremden Umgebung. In diesen Fällen sollte abgewogen werden, ob das therapeutische Setting für den Beginn der Förderung genutzt werden sollte, um Grundlagen kommunikativer Fähigkeiten und Fertigkeiten zu schaffen, welche später in das natürliche Setting zu übertragen sind.

7.1.4 Bezugspersonen

Schon bei der Diskussion um das richtige Setting für die Förderung mit dem PECS wurden die Bezugspersonen angesprochen. Die Eltern sind in den meisten Fällen die Personen, die das Kind am besten kennen und dessen Verhalten am besten verstehen. Warum sollte man diesen Vorteil nicht nutzen, in dem man die Eltern zu Trainern des eigenen Kindes ausbildet? Warum sollte eine fremde Person eine Beziehung zu einem Kind aufbauen, welches gerade beim Beziehungsaufbau grundlegende Probleme hat?

Dies würde bedeuten, dass die Eltern bzw. die Erzieher in der Kindertagesstätte oder die Lehrer und Betreuer in der Schule die Trainer sind. Der PECS-Therapeut (also z. B. ein Heilpädagoge) könnte die Aufgaben der Koordination und der Anleitung der Bezugspersonen übernehmen.

Ich habe in den drei Fällen dieser Studie jeweils Bezugspersonen der Kinder miteingebunden, schon allein deshalb, weil ich einen Co-Therapeuten benötigte, um die Anleitung der Arbeitsschritte zu gewährleisten. Ich habe dabei auch erhebliche Schwierigkeiten erlebt, die sicher vermieden werden können, wenn zwei professionelle PECS-Trainer ein Kind fördern, die schon in vielen Fällen gemeinsam gearbeitet haben. Dennoch gehe ich davon aus, dass es nicht Sinn und Zweck der Sache ist, das Kind an zwei neue Bezugspersonen zu gewöhnen und in einem künstlichen Setting zu arbeiten. Der Mehraufwand, die eigentlichen Bezugspersonen anzuleiten, sollte in Kauf genommen werden, um dem Kind eine Förderung in gewohnter Umgebung zu ermöglichen.

Natürlich bedeutet dies für alle Bezugspersonen gerade in der Anfangsphase eine enge Zusammenarbeit, die sich aber sicher in schnellen Fortschritten auszahlt.

Ebenso wie bei der Wahl des Settings gibt es sicher auch bei der Wahl des Trainers Situationen, in denen ein professioneller Trainer bevorzugt werden sollte, z. B. dann, wenn die Eltern oder andere Bezugspersonen zu hohe oder zu niedrige Erwartungen an das Kind haben und dieses permanent über- oder unterfordern würden.

In den drei Beispielfällen der vorliegenden Arbeit halte ich das natürliche Setting mit mir als zusätzlicher Bezugsperson für gerechtfertigt. Für die weitere Förderung dieser Kinder mit dem PECS würde ich allerdings versuchen, noch stärker die natürlichen Bezugspersonen als Trainer einzusetzen und mich als Bezugsperson und Trainer zurückzunehmen, da ich nicht alltäglicher Bestandteil des sozialen Umfeldes des Kindes bin.

7.1.5 Orientierung an den Phasen des PECS

Die Förderung mit dem PECS erfolgt in sechs Phasen, die nacheinander trainiert werden. Führt das Kind die Fertigkeiten einer Phase zu mindestens 80 % selbstständig aus, so wird zur nächsten Phase übergegangen. Die detaillierte Dokumentation beim Training der einzelnen Phasen erleichtert das Erkennen von Fortschritten. Aus den Tabellen ist jederzeit zu entnehmen, welche Fähigkeit gerade trainiert wird, welche bereits erlernt wurde und an welcher noch nicht gearbeitet wird.

Der Nachteil von diesem System ist ein enormer Zeitaufwand, den die Dokumentation erfordert. Werden die Bildkarten, wie oben empfohlen, in Alltagssituationen eingesetzt, so wird die Dokumentation oft vergessen, unvollständig oder ungenau durchgeführt (z. B. wenn die Trainer versuchen im Nachhinein das Verhalten zu dokumentieren). Gerade bei Mahlzeiten ist es fast unmöglich, jeden Bildkartenaustausch für ein Getränk oder eine Speise festzuhalten. Noch schwieriger wird es, wenn die Bezugsperson (wie z. B. im Wohnheim) nicht nur ein Kind, sondern drei bis vier Kinder mit Beeinträchtigungen beim Essen unterstützen muss. Zudem könnte das ständige Dokumentieren auch für das Kind eine Belastung darstellen, wenn es ein Bewusstsein dafür entwickelt hat, dass es sich bei den Eintragungen in die Tabelle um Beschreibungen seines Verhaltens handelt. Robert zeigte in der Förderung mehrmals deutlich auffällige Verhaltensweisen, z. B. als ich sein Verhalten filmen wollte oder als eine Bezugsperson in seiner Gegenwart über den Einsatz der Bildkarten sprach.

Neben der Dokumentation halte ich auch das enge Festhalten an den Phasen teilweise für ungünstig. Sowohl bei Robert als auch bei Martin habe ich das Trainieren der Phase III der Phase II vorgezogen, da sich das Trainieren des Abstandes als wesentlich schwieriger als das Trainieren des Unterschiedes erwies. Gerade bei Robert wurde schnell deutlich, dass er die Bildkarten unterscheiden kann. Die Arbeit mit nur einer Bildkarte und das gleichzeitige Trainieren des Erweiterns des Abstandes hätte ihn wohlmöglich eher demotiviert, da er mit einer Bildkarte unterfordert, aber durch seine motorische Unruhe und seinen hohen Grad an Ablenkbarkeit mit dem Erweitern des Abstandes überfordert war.

Ich habe mich in allen Fällen für Individualität anstatt fester Phasenverfolgung entschieden und denke, dass gerade die Phasen II und III austauschbar sind und dass das Vorziehen der Phase III (nach dem Einführen der Kommunikationstafel und vor dem Erweitern des Abstandes) in einzelnen Fällen durchaus sinnvoll ist.

In Phase IV wird begonnen, Objekte auch außerhalb der Sichtweite des Kindes aufzubewahren. Ich denke, dies kann auf alle Fälle in die dritte Phase vorgezogen werden. Sobald das Kind eine Vielzahl an Bildkarten kennt und sicher nutzt, müssen die Objekte nicht mehr zu sehen sein. So könnte dem Kind zum Beispiel am Nachmittag nach der Schule oder nach dem Kindergarten die Mappe angeboten werden, damit sich das Kind eine Aktivität oder ein Objekt zum Beschäftigen aussucht.
Einige Kinder werden nicht in der Lage sein, Satzstrukturen (wie in Phase IV und VI) zu erlernen. Dennoch sollte bei ihnen Phase V (ohne die Antwort im Satz, sondern nur der einfache Bildkartenaustausch) trainiert werden, damit die Bezugspersonen neben der spontanen Kommunikation des Kindes die Möglichkeit haben, das Kind nach seinen Wünschen zu befragen.

7.1.6 Stereotypien und Lieblingsbeschäftigungen

Sowohl bei Tanja als auch bei Martin ergaben sich Probleme mit den für die Kommunikationsförderung nutzbaren Objekten. Martin zeigte eine große Vorliebe für Schuhe, Tanja für Handschuhe. Bei beiden Kindern waren diese Objekte zumindest zeitweise die am meisten bevorzugten Objekte. Deshalb eigneten sie sich sehr gut für die Förderung, da gerade beim Verlangen nach dem Schuh bzw. Handschuh die Motivation der Kinder sehr hoch war, etwas zu tun, um das jeweilige Objekt zu bekommen. Die Bildkarte mit dem Handschuh war bei Tanja die erste Karte, die sie mir aus eigener Motivation ohne jede Hilfestellung gab. Es war für mich also naheliegend, dieses Objekt für die Kommunikationsförderung zu benutzen.
Allerdings ergaben sich auch zahlreiche Probleme aus der Vorliebe. Bei beiden Kindern entsprach die Vorliebe eher einer starken Fixierung auf das Objekt und nicht nur einer Bevorzugung gegenüber anderen Objekten. Das bedeutete, dass nicht nur die Freude über das Objekt größer war, sondern auch die Frustration, wenn das Objekt weggenommen wurde. Wollte ich aber eine bestimmte Handlungsweise des PECS trainieren, so war es notwendig, den Austausch der Bildkarte gegen das Objekt mehrfach durchzuführen, um beispielsweise den Abstand erweitern zu können. Martin ließ es zu, dass ich ihm den Schuh einmal abnahm und ihm dann im Austausch gegen die Karte wiedergab. Wollte ich diesen Vorgang allerdings mehrfach wiederholen, so wehrte er sich bereits, wenn ich ihm den Schuh abnehmen wollte und zeigte auch Abneigung gegen die zugehörige Bildkarte, die ja in dieser Situation seine einzige Möglichkeit war, seinen Schuh zurückzubekommen. Die Fixierung auf das Objekt erwies sich als so stark, dass alle Einflüsse und Angebote von außen als störend emp-

funden wurden und Martin in diesen Situationen wenig Interesse und Aufmerksamkeit zeigte.
Für die Kommunikationsförderung können die Lieblingsobjekte eines Kindes also sowohl eine Hilfe als auch ein Hindernis darstellen. In manchen Situationen sind sie der einzige Anreiz, der das Kind überhaupt zu einer Interaktion anregt, in anderen Situationen blockieren sie die Förderung völlig. Es ist daher ratsam, zu Beginn eine Reihe an beliebten Gegenständen zu ermitteln und sich gegebenenfalls für beliebte, aber nicht sehr beliebte Objekte für die Förderung zu entscheiden bzw. Dinge zu nehmen, von denen das Kind eine Vielzahl erbitten kann, wie z. B. Weintrauben, Rosinen, Erdnussflips, Mandarinenstücke etc.

7.1.7 Erweiterungen und Zusätze

Zur Beachtung der Individualität (vgl. 6.1.5 Orientierung an den Phasen des PECS) gehört auch das Erweitern des PECS durch bestimmte situationsbedingte Zusätze. Bei Tanja habe ich beispielsweise durch Beobachtungen festgestellt, dass sie selbst deutlich besser auf Bildkarten als auf gesprochene Sprache reagiert. In einer Fördereinheit habe ich ihr im Austausch für einen Stift die zugehörige Bildkarte gegeben und sie hat ohne große Verunsicherung den Stift an mich abgegeben. Da es im Kontakt zu Tanja wenig Möglichkeiten gibt, ihr Dinge mitzuteilen, habe ich vermutet, dass die Bildkarten auch für die Bezugspersonen eine Möglichkeit sind, ihr etwas mitzuteilen und nicht nur, wie im PECS vorgesehen, vom nichtsprechenden Kind einzusetzen sind. Eine Karte für die Bezugspersonen wurde daraufhin eingeführt. Dabei handelt es sich um eine rote Karte mit der Abbildung eines durchgestrichenen Handschuhs, mit der die Bezugspersonen ihr bedeuten können, dass sie in dieser Situation den Handschuh abgeben muss bzw. nicht mitnehmen darf.
Einen weiteren Zusatz habe ich für Tanja und auch für Robert entwickelt. Bei beiden wurden ab einem gewissen Zeitpunkt die Bildkarten zu den Mahlzeiten angeboten. Während Tanja über einen langen Zeitraum nur eine Karte für Trinken verwendete, wurden bei Robert bald mehrere Karten zur Auswahl angeboten. Um bei Tanja auch die Auswahl bei den Mahlzeiten zu trainieren und um bei Robert das Spielen mit den Karten einzuschränken, habe ich bei beiden Kindern kleine Kommunikationstafeln eingesetzt, auf denen vier Bildkarten befestigt werden können. Diese Tafeln sind kleiner als die Tafeln, die sonst verwendet werden, und sie geben den Bildkarten einen festen Platz am Tisch. Beide Kinder haben die kleine Tafel schnell angenommen und die Fähigkeit entwickelt, selbstständig die Bildkarten davon abzunehmen. Eben-

so können diese Tafeln für Spaziergänge oder Aufenthalte außer Haus vorbereitet werden, ohne dass der gesamte Kommunikationsordner mitgenommen werden muss. Ich befürworte je nach individuellen Gegebenheiten das Abweichen von den Vorgaben des PECS und das Erweitern durch zusätzliche Hilfen. So könnte z. B. der Bestand der Bildkarten noch erheblich erweitert werden (weitere Substantive, Verben, Adjektive und gegebenenfalls auch Pronomen, Konjunktionen etc.). Außerdem kann erwogen werde, ob ein elektronisches Kommunikationssystem mit den gleichen Bildern denkbar wäre (um den Wortschatz zu erweitern, um es für das Kind interessanter zu gestalten, um es einfacher handhaben zu können etc.) oder ob es sich als sinnvoll erweisen könnte, Buchstaben einzuführen und so eine Ausdrucksmöglichkeit über das Schreiben anzubahnen.

7.1.8 Entwicklung der Sprache

Frost und Bondy (1994) gehen davon aus, dass autistische nichtsprechende Kinder durch das PECS gesprochene Sprache aufbauen können. In einer ihrer Gruppen (N = 66) haben 88 % der Kinder Sprache entwickelt, davon 67 % unabhängige Sprache und 11 % Sprache mit Bild- oder Wortkarten zur Unterstützung/Anregung.
In den drei Monaten, in denen ich bei den drei Kindern dieser Studie das PECS angewendet habe, hat keines der Kinder andeutungsweise Sprache eingesetzt. Dennoch gehe ich davon aus, dass die Möglichkeit der Sprachanbahnung über das PECS besteht, wenn das Kind schon vorher lautiert und/oder einzelne Wörter spricht.

Die Eltern von Martin beschreiben beispielsweise, dass er manchmal scheinbar unter Anstrengung Laute äußert und Wörter sagen möchte. Falls er weiter mit dem PECS gefördert wird, wäre es durchaus möglich, dass er Bildkarten mit Lauten/Lautverbindungen zu begleiten beginnt. Ab der vierten Phase des PECS wird verstärkt die Sprache einbezogen und angeregt, da der Therapeut die Aussage zu den Bildkarten so verzögert, dass das Kind diese ergänzen könnte. Z. B. reicht das Kind dem Therapeuten einen Satzstreifen mit der "Ich möchte"-Karte und einer Bildkarte mit einem Ball. Der Therapeut zeigt dem Kind den Satzstreifen mit den Worten "Ich möchte .... einen ... Ball." Dabei lässt er Pausen und das Kind hat die Möglichkeit, fehlende Wörter zu ergänzen. Meiner Meinung nach ist es durchaus vorstellbar, dass Kinder genau an dieser Stelle Sprache einsetzen, da es sich um natürliche Sprechsituationen handelt und das Kind ohne Druck sprechen könnte. (Viele Eltern und Sprachtherapeuten autistischer Kinder versuchen, diese durch Nachsprechen und Formen bestimmter Laute zum Sprechen zu bewegen, was aber teilweise zu mehr Verkrampfungen führt und dem Kind nicht in erster Linie zur Kommunikation verhilft, also keinen offensichtlichen Nutzen bringt.)

Das PECS legt sein Hauptaugenmerk nicht auf die Sprache, sondern auf die Kommunikation. Das Kind bekommt, wonach es fragt, egal ob das Fragen über Bildkarten oder Sprache geschieht. Es hat in jedem Fall Erfolg durch sein Handeln und bleibt so weiterhin motiviert. Die Entwicklung der Lautsprache ist beim PECS ein möglicher Nebeneffekt, aber nicht das Hauptziel. Sicher ist genau das der Punkt, an dem die Erwartungen der Eltern häufig mit denen des Therapeuten auseinander gehen. Eltern wünschen sich meist, dass das Kind Lautsprache entwickelt, und sie sind der Meinung, dass alle möglichen Alternativen die Lautsprache nicht ausreichend ersetzen können. Es ist deshalb nicht ratsam, den Eltern zu Beginn der Förderung den Hinweis zu geben, dass über das PECS die Sprache angebahnt werden soll, sondern dass die Kommunikation über Bildkarten vom Kind erlernt werden kann und dadurch dem Kind eine ganze Reihe an kommunikativen Fähigkeiten ermöglicht werden.

Die Kommunikation mit Bildkarten kann sehr weit ausgedehnt werden. Es können Satzstrukturen aufgebaut, nicht nur imperative, sondern auch deklarative Äußerungen ermöglicht werden und verschiedene Sprachkonzepte (z. B. Fragen, Antworten, Aussagen, Aufforderungen etc.) Ausdruck finden. Ähnlich wie bei der Gebärdensprache kann die Kommunikation über Bildkarten ausdifferenziert werden und eine gleichwertige Kommunikationsmöglichkeit neben der Sprache darstellen.

Es muss auf die Notwendigkeit der Kommunikation hingewiesen werden und darauf, dass Kommunikation eben nicht nur der Sprache entspricht, sondern dass es in erster Linie darum geht, dem nichtsprechenden Kind/der nichtsprechenden Person eine Möglichkeit zu geben, über die es/sie Bedürfnisse, Wünsche und Ablehnung verdeutlichen kann.

7.1.9 Mögliche Ergebnisse

Ziel des PECS ist es, die Fähigkeit eines Kindes zu entwickeln, auf einen Kommunikationspartner zuzugehen und diesem ein Bild von einem gewünschten Gegenstand (einer gewünschten Handlung etc.) als Austausch für den Gegenstand (die Handlung etc.) zu geben. Frost und Bondy (1994) gehen davon aus, dass alle Kinder mindestens die erste Stufe des PECS erreichen, also den Austausch einer Bildkarte gegen ein beliebtes Objekt. Weiterhin ist denkbar, dass eine Person mit Hilfe des PECS die Möglichkeit erwirbt, aus verschiedenen Dingen auszuwählen und um einen Gegenstand zu bitten, welcher sich nicht in Sicht- und/oder Reichweite befindet.

Das PECS unterstützt die Entwicklung der eigenen Initiative. Im Vergleich zu anderen Bildkartensystemen liegt meiner Ansicht nach beim PECS ein Hauptaugenmerk darauf, die Initiative der Kommunikation vonseiten nichtsprechender Menschen aufzubauen. Die Person erlernt die Fähigkeit, auf sich und seine Bedürfnisse aufmerksam zu machen und Wünsche bzw. Meinungen zu äußern, auch wenn sie nicht danach gefragt wird. (Bei anderen alternativen Kommunikationsformen ist die betroffene Person oft von einer Bezugsperson abhängig, die beispielsweise den Computer mit dem richtigen Programm anschaltet oder Fragen stellt, die mit "Ja" oder "Nein" zu beantworten sind.) PECS bietet nichtsprechenden Menschen die Möglichkeit zur Selbstbestimmung, zum Initiieren von Kommunikation und zum Treffen von Entscheidungen.
Das gesammte System umfasst sechs Phasen. Meiner Meinung nach ist die Kommunikation mit Hilfe des PECS ab der dritten Phase alltagstauglich. Kann das Kind selbstständig in verschiedenen Settings eine Bildkarte aus der Mappe auswählen und damit diversen Bezugspersonen gegenüber seine Wünsche ausdrücken, so ist ein großer Meilenstein in der Kommunikation erreicht. Die weiteren Konzepte (Phase IV und VI) bieten sich vor allem für die Kinder an, die über etwas Sprache bzw. größeres Sprachverständnis verfügen.

7.2 Verbindungen zu theoretischen Grundannahmen dieser Arbeit

7.2.1 Verbindung zu den Besonderheiten der Kommunikation autistischer Menschen

Die Symptome der Kommunikationsstörung beim Autismus verlangen einen besonderen Umgang mit ihnen, eine spezielle Förderung. Kann das PECS die Mehrzahl der kommunikativen Auffälligkeiten autistischer Menschen bearbeiten und Verbesserungen herbeiführen?
Die unter 2.1 (Besonderheiten der Kommunikation bei autistischen Menschen) aufgeführten Merkmale werden in Hinsicht auf die Kommunikationsförderung mit dem PECS betrachtet.
Autistische Kinder zeigen Auffälligkeiten im Einsatz von *Gestik und Mimik.* Da das PECS keine Fähigkeiten zur Imitation fördert, sind in diesen Bereichen nicht zwingend Veränderungen zu erwarten. Möglicherweise kann durch das PECS das Hand-

führen ersetzt werden, da das Kind eine Möglichkeit erlernt, seinen Wunsch mit Bildkarten eindeutiger auszudrücken.
Es ist zu vermuten, dass sich das *Blickverhalten* des Kindes verbessert, sobald es lernt, mit dem PECS nicht nur Wünsche auszudrücken, sondern auch die Aufmerksamkeit des Gegenübers zu erregen. Zudem kann der Trainer dem Kind die Bildkarten zusammen mit dem zugehörigen gewünschten Objekt zeigen, sodass das Kind häufig zum Trainer schaut. Auf den Blickkontakt wird beim PECS nicht gedrängt, aber mit der Zunahme der Sicherheit im Austausch ist eine Verbesserung im Blickkontakt zu erwarten.
Das Training mit dem PECS verlangt von dem Kind das Ertragen einer gewissen *Nähe* einer anderen Person. Dies ist z. B. nötig, wenn bestimmte Handlungsabläufe mit physischer Unterstützung trainiert werden, um sie zu automatisieren. Zudem lernt das Kind, den Abstand zu einer anderen Person zu überwinden, wenn es einen Wunsch äußern will. Es entwickelt die Fähigkeit, von sich aus die Initiative zum Kontakt herzustellen.
Es ist nicht zu erwarten, dass sich im *Ausdrücken von Emotionen* zu Beginn etwas ändert. Allerdings könnte nach dem erfolgreichen Erreichen der sechsten Stufe des PECS damit begonnen werden, auch das Ausdrücken emotionaler Befindlichkeiten über Bildkarten zu trainieren. Der Einsatz der Bildkarten an sich könnte aber bereits Veränderungen im emotionalen Verhalten des Kindes mit sich bringen. Da das Kind eine Möglichkeit erlernt, Wünsche auszudrücken, könnten frustrierende Situationen (z. B. wenn sich das Kind unverstanden fühlt) verringert werden.
Menschen mit Autismus entwickeln häufig eine Vielzahl von *besonderen Verhaltensweisen*, durch die sie etwas zum Ausdruck bringen wollen. Dazu gehören auto- und fremdaggressive Handlungen, Stereotypien etc. Durch das PECS können solche Verhaltensweisen ersetzt werden. Das nichtsprechende Kind kann beispielsweise eine Karte einsetzen, die der anderen Person mitteilt, dass es einen bestimmten Wunsch hat, dass es eine unangenehme Situation beenden will oder dass es auf etwas aufmerksam machen will. Das Ausdrücken von Bedürfnissen wird durch das PECS für das Kind erleichtert und für die Bezugsperson verständlicher.
Neben den nonverbalen Auffälligkeiten autistischer Menschen existiert noch eine Vielzahl an möglichen verbalen Besonderheiten. Auf die Entwicklung der Sprache als Nebeneffekt des PECS wurde bereits unter 6.1.8 hingewiesen. Zur *Nutzung der Sprache* ist zu ergänzen, dass das PECS zu Beginn schwerpunktmäßig die imperative Kommunikation anspricht. Ab der sechsten Phase wird allerdings die Kommuni-

kation auf deklarative Ausdrücke erweitert. Es geht dann nicht nur um Wünsche und Bedürfnisse, sondern um das Teilen von Aufmerksamkeit. Das Kind lernt zu berichten, was es sieht, was es hat, was es hört etc.

Das PECS ist für die Kommunikationsförderung nichtsprechender Kinder entwickelt worden. Allerdings könnte es auch für Kinder mit starker *Echolalie* von Nutzen sein. Durch die Bildkarten wird von der Sprache abgelenkt, und das Kind erhält eine Möglichkeit, Wünsche konkret auszudrücken. Es ist zu erwarten, dass echolalisch sprechende Kinder noch schneller als nichtsprechende Kinder die Sprache sinnvoll zur Begleitung des Bildkartenaustausches einsetzen und anhand der Bildkarten auf dem Satzstreifen lernen, Sätze richtig zu formulieren.

Für Verbesserungen der Fähigkeiten zur Konversation können mit dem PECS Grundlagen gelegt werden, da das PECS von Anfang an bestimmte Gesprächstechniken beachtet. Die Kommunikationspartner sind immer abwechselnd in der Konversation an der Reihe (turn-taking), sie müssen die gegenseitige Aufmerksamkeit erregen und beobachten, ob der Kommunikationspartner das kommunikative Signal verstanden hat.

Es wird deutlich, dass das PECS viele Besonderheiten der Kommunikation autistischer Kinder positiv beeinflussen kann, ohne die meisten davon (z. B. Blickverhalten, Einsatz der Sprache) konkret zu trainieren.

7.2.2 Verbindung zu den möglichen Ursachen der Kommunikationsstörung

Unter 2.2 (Mögliche Ursachen der Kommunikationsstörung beim Autismus) wurden verschiedene Theorien besprochen, die versuchen das Phänomen Autismus zu erklären. Stimmen die Annahmen, die dem PECS zugrunde liegen, mit Aspekten dieser Theorien überein? Entspricht oder widerspricht die Wirkungsweise des PECS der einen oder anderen Theorie?

Dietmar Zöller (2001) spricht von den Handlungsstörungen (siehe 2.2.1), die den Autisten in all seinem Tun beeinflussen und behindern. Für das PECS würde dies bedeuten, dass es dem autistischen Kind schwer fallen könnte, die Handlung, also den Austausch, erfolgreich durchzuführen, auch wenn der Handlungsablauf klar ist. Das PECS arbeitet mit Handführung und versucht so, einen Handlungsablauf zu trainieren und zu automatisieren. Dies entspricht genau den Vorstellungen von Zöller (2001), welcher berichtet, dass er Handlungsabläufe lernte, weil " [seine] Mutter zuerst [seine] Hände führte, dann leicht stützte, bis [er] schließlich den Ablauf allein ausführen konnte.“ (Zöller, 2001, S. 46)

Donna Williams (1996) beschreibt eine Störung der sensorischen Tätigkeit und Integration (siehe 2.2.2) als Hauptursache autistischer Verhaltensweisen. Geht man wie sie davon aus, dass Autisten zeitweise "mono" wahrnehmen und nicht mehrere Sinne gleichzeitig einsetzen können, so bedeuten die Bildkarten des PECS einen zusätzlichen Reiz, welcher möglicherweise ein Vorteil sein kann (wenn die Person den visuellen Kanal gut zur Aufnahme von Informationen nutzen kann) oder auch ein Nachteil (wenn die visuelle Wahrnehmung ausgeblendet oder überlagert ist, sodass die Abbildungen nicht differenziert werden können). Diese Tatsache könnte erklären, dass Martin zeitweise scheinbar zielgerichtet eine Bildkarte aus einer Vielzahl auswählen kann (der visuelle Kanal sendet zuverlässige Informationen) und in anderen Situationen der Abbildung keine Aufmerksamkeit schenkt (weil das Interesse beim Objekt liegt oder zuviel akustische Reize aufgenommen werden etc.). Im Sinne der Störung der sensorischen Tätigkeit und Integration könnte das PECS-Training vor allem zu Beginn der Förderung das Kind überlasten, wenn es in mehreren Bereichen übersensibel auf Reize reagiert. Das gleichzeitige Auftreten visueller (Bildkarte, Objekt und Gesten), auditiver (verbale Hinweise) und taktiler Reize (physische Unterstützung) könnte zu einem "System shutdown" führen. Frost und Bondy (1994) geben keine Hinweise diesbezüglich, aber aufgrund meiner eigenen Erfahrungen denke ich, dass das Nachlassen der Aufmerksamkeit bei Martin und auch bei Robert mit einer Reizüberlastung zusammenhängen könnte.
Baron-Cohen (2000) begründet autistische Verhaltensweisen mit einer Störung der Theory-of-Mind (siehe 2.2.3). Dies bedeutet, dass sich eine autistische Person nicht oder nur schwer in die Gedankenwelt einer anderen Person hineinversetzen kann. Zum Erlernen der Fertigkeiten des PECS ist dies nur insofern von Bedeutung, als dass die autistische Person einschätzen muss, welche Bezugsperson ihr zu einem gewünschten Objekt verhelfen kann. Geht ein autistisches Kind z. B. mit einer Bildkarte mit einem Ball zu einer Bezugsperson, so erwartet es, dass diese Person eine Möglichkeit hat, einen Ball zu besorgen. Ist der Ball nicht in unmittelbarer Sichtweite und das autistische Kind weiß selbst nicht, wo sich ein Ball befindet, so müsste sich das Kind dennoch sicher sein, dass die andere Person über unterschiedliche Informationen verfügt. Das Kind muss also in der Lage sein, zwischen der eigenen und der fremden Vorstellung zu unterscheiden und nicht davon auszugehen, dass die andere

Person über dieselben Information verfügt. Wäre Letzteres anzunehmen, so würde das Kind nur um einen Ball bitten, wenn sich dieser in Sichtweite, aber nicht in Reichweite befindet. Die Person mit Autismus muss also über ein gewisses Verständnis über die Gedankenwelt des Gegenübers verfügen, um das PECS zur Kommunikation einsetzen zu können. Sie muss folglich einige Fähigkeiten der Theory-of-Mind besitzen. Allerdings ist es für das PECS nicht notwendig, sich in alle mentalen Leistungen (wie z. B. Emotionalität) des Gegenübers hinversetzen zu können.
Wie unter 2.2.4 beschrieben, sehen Klicpera und Innerhofer (1999) die Ursachen des Autismus in einer Störung des intuitiven Vorverständnisses. Es ist kaum möglich, Verbindungen zwischen dieser Theorie und dem Training des PECS herzustellen sich die Erklärungen und Beschreibungen von Klicpera und Innerhofer (1999) mit differenzierten sprachlichen und außersprachlichen Konzepten beschäftigen. Für die Anwendung des PECS müssen die autistischen Personen über ein gewisses Abstraktionsvermögen verfügen. Sie müssen verstehen, dass es sich um einen Austausch der Bildkarte gegen ein Objekt handelt und sie müssen die Abbildungen zu Objekten zuordnen können. Das Beherrschen dieser Fähigkeiten schließt meiner Ansicht nach ein fehlendes intuitives Vorverständnis nicht aus.

7.2.3 Verbindung zu den Hinweisen für den Umgang mit autistischen Menschen

Um das Zusammenleben autistischer und nichtautistischer Menschen zu verbessern, muss ein gemeinsamer Rhythmus gefunden werden. Ist das PECS eine Möglichkeit, die Mittel der Kommunikation dieser beiden Gruppen aneinander anzugleichen? Ist das PECS mit den Erwartungen zu vereinbaren, die Experten des Autismus (selbst Betroffene und Angehörige) an uns stellen?
Unter 3.1 habe ich Hinweise von Donna Williams (1996) und Dr. Nieß (1998) aufgeführt, welche nichtautistische Menschen im Umgang mit autistischen Menschen beachten können, um eben genau diesen gemeinsamen Rhythmus zu ermöglichen.

Das PECS ist eine von nichtautistischen Experten entwickelte Methode, die auf vielfache Erfahrungen in der Kommunikationsförderung mit autistischen Kindern zurückgreift. Die Wünsche und die Motivation des autistischen Menschen stehen im Mittelpunkt und nicht die Erwartungen der Bezugspersonen. Die Bildkarten bieten einen Ersatz für die Sprache, sie sind eindeutig. Sie verwirren nicht durch "das Tanzen in der Stimme" (Donna Williams, 1996), also durch zuviel verbale Intonation oder durch starke Mimik. Die Aussage einer Bildkarte ist konkret und konstant. Das

Bild bleibt das Bild, die Aussage bleibt die Aussage, vom Abnehmen der Bildkarte von der Kommunikationstafel bis zum Austausch gegen das zugehörige Objekt/die zugehörige Tätigkeit. Diese Konstanz erspart Verwirrung und Ablenkung, sie schafft Klarheit bei beiden Kommunikationspartnern. Diese Tatsache spricht eindeutig dafür, dass auch Bezugspersonen Bildkarten zur Kommunikation einsetzen können, um der autistischen Person etwas mitzuteilen und nicht umgekehrt. Dieser Aspekt wird im "PECS – Training Manual" (Frost und Bondy, 1994) nicht berücksichtigt. Hier wird der nichtautistischen Person die Sprache und der autistischen Person die Bildkarte als Kommunikationsmittel zugesprochen.

Wäre es nicht die letzte Konsequenz bei der Suche nach einem gemeinsamen Rhythmus, auch die Mittel der Kommunikation aneinander anzupassen, schwerpunktmäßig die Bildkarten zur Kommunikation einzusetzen und die Sprache als Begleiterscheinung oder als positiven Nebeneffekt zu betrachten, den sie ja im Sinne des PECS für den autistischen Menschen darstellt?

Nachwort

Das vorliegende Buch entspricht meiner Diplomarbeit von 2002. Damals habe ich mir das PECS mit Hilfe des Handbuches erarbeitet und in den beschriebenen Beispielfällen angewendet.

In meiner beruflichen Tätigkeit als Diplom-Heilpädagogin in einer Autismusambulanz habe ich seitdem das PECS in der Arbeit mit vielen Kindern und Jugendlichen eingesetzt. Zudem habe ich Kollegen weitergebildet, die das System seither auch erfolgreich anwenden und gebe Seminare, Weiterbildungen und Vorträge zum Thema.

Aus meiner eigenen Erfahrung und den Ergebnissen in meiner unmittelbaren Umgebung, kann ich sagen, dass PECS in mindestens 90% der Fälle eine Bereicherung und Unterstützung für den Betroffenen darstellt. Ein Großteil der Anwender benutzt PECS bis zur Phase III, kann also aus diversen Angeboten in verschiedenen Situationen auswählen und damit eigene Wünsche zum Ausdruck bringen. In einigen Fällen wurde die Phase IV erreicht (ca. 25 %) und damit das Bilden von Satzstrukturen und in wenigen auch die Phase VI (ca. 10 %) – das Ausdrücken von Gesehenem, Gehörtem, etc.

Ich denke, dass PECS ein System darstellt, welches einfach von jedem zu handhaben ist und ohne großen finanziellen Aufwand realisiert werden kann.

Dieses Buch ist als Arbeitsgrundlage ausreichend und soll motivieren, PECS zu nutzen, um Kindern, Jugendlichen und Erwachsenen, die aufgrund von Autismus oder anderen Störungen in ihrer lautsprachlichen Kommunikation stark beeinträchtigt sind, eine Chance zu geben, eigene Wünsche und Bedürfnisse mitzuteilen.

Ich würde mich sehr freuen, wenn viele Angehörige, Betreuer, Therapeuten und Pädagogen die Kommunikationsförderung mit dem PECS ausprobieren und sich von den Erfolgen überzeugen lassen.

Literaturverzeichnis

Adam, H. (1996): Mit Gebärden und Bildsymbolen kommunizieren: Voraussetzungen und Möglichkeiten der Kommunikation von Menschen mit geistiger Behinderung. Würzburg: Edition Bentheim.

Baron-Cohen, S. (2000): Theory of mind and autism: A fifteen year review. In: S. Baron-Cohen, H. Tager-Flusberg & D. J. Cohen (Hrsg.): Understanding other minds – Perspectives from Developmental Cognitive Neuroscience. New York: Oxford University Press Inc.

Baron-Cohen, S., Baldwin, D. A. & Crowson, M. (1997): Do Children with Autism use the Speakers Direction of Gaze Strategy to crack the Code of Language? Child Development, 68, 48–57.

Becker, K.-P., Sovak, M. (1975): Lehrbuch der Logopädie. Köln: Studien-Bibliothek Kiepenheuer & Witsch.

Bernard-Opitz, V., Chen, A., Kok, A. J. & Sriram, N. (2000): Analyse pragmatischer Aspekte des Kommunikationsverhaltens von verbalen und nicht-verbalen autistischen Kindern. Praxis der Kinderpsychologie und Kinderpsychiatrie 49/2, 97–108.

Biermann, A. (1999): Gestützte Kommunikation im Widerstreit – empirische Aufarbeitung eines umstrittenen Ansatzes. Berlin: Edition Marhold.

Buchenau, J. & Lechmann, C. (2002): PECS – Eine neue vielversprechende Kommunikationsmethode (Skript des PECS-Workshops auf der Bundestagung des Vereins "Hilfe für das autistische Kind" in Trier 2002).

Dilling, H., Mombour, W., Schmidt, M. H. & Schulte-Markwort, E. (1994): Internationale Klassifikation psychischer Störungen – ICD-10 Kapitel V (F) Forschungskriterien. Bern: Verlag Hans Huber.

Duker, P. C. (1991): Gebärdensprache mit autistischen und geistig behinderten Menschen. Dortmund: Verlag Modernes Leben.

Fröhlich, A. D. (1995): Lernmöglichkeiten – Aktivierende Förderung für schwermehrfachbehinderte Menschen. Heidelberg: Edition Schindele – Universitätsverlag C. Winter.

Frost, A. L. & Bondy, A. S. (1994): PECS The Picture Exchange Communication System – Training Manual. Newark: Pyramid Educational Products Inc.

Hermelin, B. (1997): Kommunikation bei autistischen Kindern (Gesichter, Gebärden, Geräusche). In: O. Speck, F. Peterander & P. Innerhofer: Kindertherapie. München: Ernst Reinhardt GmbH &Co KG.

Hettinger, J. (1996): Selbstverletzendes Verhalten, Stereotypien und Kommunikation. Heidelberg: Universitätsverlag C. Winter.

Kane, G. (1992): Entwicklung früher Kommunikation und Beginn des Sprechens. Geistige Behinderung 4/1992.

Kastner-Koller, U. & Deimann, P. (2000): Sprachentwicklung bei Kindern mit autistischem Syndrom. In: H. Grimm (Hrsg.): Enzyklopädie der Psychologie, Band 3: Sprachentwicklung. Göttingen: Hogrefe – Verlag für Psychologie.

Klicpera, Ch. & Innerhofer, P. (1999): Die Welt des frühkindlichen Autismus. München: Ernst Reinhardt GmbH &Co KG.

Kristen, U. (1994): Praxis Unterstützte Kommunikation – Eine Einführung. Düsseldorf: Verlag Selbstbestimmtes Leben.

Light, J. C., Roberts, B., Dimarco, R. & Greiner, N. (1998): Augmentative and alternative Communication to support receptive and expressiv communication for people with autism. Journal of Communication Disorders 31, 153–180.

Müller, A. (2001): Vorlesungsskript "Aphasie". IWK Magdeburg.

Nieß, N. (1998): Aufbau von Sprachverständnis und Sprachkompetenz bei sprechenden autistischen Kindern in der Familie. In: Bundesverband "Hilfe für das autistische Kind" (1998): Mit Autismus leben – Kommunikation und Kooperation – Tagungsbericht. Hamburg: Christians Druckerei.

Probst, P. (1998): Darstellung eines durch TEACCH-Prinzipien inspirierten Ansatzes. In: Bundesverband "Hilfe für das autistische Kind" (1998): Mit Autismus leben – Kommunikation und Kooperation – Tagungsbericht. Hamburg: Christians Druckerei.

Reimann, H. (1991): Basale Soziologie: Hauptprobleme. Opladen: Westdeutscher Verlag.

Rollett, B. & Kastner-Koller, U. (2001): Praxisbuch Autismus – Ein Leitfaden für Eltern, Erzieher, Lehrer und Therapeuten. Stuttgart: Gustav Fischer Verlag.

Sacks, O. (1995): Eine Anthropologin auf dem Mars: Sieben paradoxe Geschichten. Reinbek: Rowohlt Taschenbuch Verlag GmbH.

Sarriá, E., Gómez, J. C. & Tamarit, J. (1996): Joint attention and alternative language intervention in autism: Implications of theory for practice. In: St. von Tetzchner & M. H. Jensen (Hrsg.): Augmentative and alternative communication – European Perspectives. London: Whurr Publishers Ltd.

Saß, H., Wittchen, H. U. & Zaudig, M. (1998): Diagnostisches und statistisches Manual psychischer Störungen: DSM IV. Göttingen: Hogrefe – Verlag für Psychologie.

Schiefelbusch, R.L. (1977): Language Intervention Series - Volume IV. Nonspeech Language and Communication – Analysis and Intervention. Baltimore: University Park Press.

Schulz von Thun, F. (1981): Miteinander reden 1 – Störungen und Klärungen. Reinbek: Rowohlt Taschenbuch Verlag GmbH.

Siegel, B. (1996): The World of the autistic Child – Understanding and Treating Autistic Spectrum Disorders. Oxford: Oxford University Press.

Sinclair, J. (1993): Don't mourn for us. Autism Network International newsletter "*Our Voice*" *1/3*, auch veröffentlicht unter: http://ani.autistics.org/dont_mourn.html.

Spitz, R. (1978): Nein und Ja. Die Ursprünge der menschlichen Kommunikation. Stuttgart.

Tager-Flusberg, H. (2000): Language and understanding minds: connections in autism. In: S. Baron-Cohen, H. Tager-Flusberg & D. J. Cohen (Hrsg.): Understanding other minds – Perspectives from Developmental Cognitive Neuroscience. New York: Oxford University Press Inc.

Trepagnier, Ch. (1996): A Possible Origin for the Social and Communicative Deficits of Autism. Focus on Autism and other developmental Disabilities, 11, 170–182.

Verein zur Förderung von autistisch Behinderten e. V. (1998): Autistische Menschen II – Mit Beiträgen von Betroffenen. Stuttgart: Veröffentlichung des Vereins.

Von Tetzchner, S. & Martinsen, H. (2000): Einführung in Unterstützte Kommunikation. Heidelberg: Universitätsverlag C. Winter.

Watzlawik, P., Beavin, J. H. & Jackson, D. D. (1969): Menschliche Kommunikation – Formen, Sörungen und Paradoxien. Bern: Verlag Hans Huber.

Williams, D. (1996): Autism – An Inside – Out Approach. London: Kingsley Publishers Ltd.

Zöller, D. (2001): Autismus und Körpersprache – Störungen der Signalverarbeitung zwischen Kopf und Körper. Berlin: Weidler Buchverlag.

Anhang - Inhaltsverzeichnis

Übersetzung der Zitate

"Meine Philosophie besagt, dass nicht jeder Mensch ein guter Bergsteiger ist, aber mit dem richtigen Training ist jeder in der Lage ein paar mehr Schritte zu tun, als er erreichen würde, wenn man ihn nicht herausfordern würde oder die Leistung nicht von ihm erwartet wird."
(Donna Williams, S. 52)

"Schau noch einmal genau hin: Du versuchst zu deinem Kind eine Beziehung aufzunehmen mit deinem Verständnis für normale Kinder, mit deinen Gefühlen über das Eltern-Dasein, mit deinen Erfahrungen und Intuitionen über Beziehungen. Aber das Kind reagiert nicht in irgendeiner dir und deinem System vertrauten Art und Weise.
Das bedeutet nicht, dass das Kind überhaupt nicht beziehungsfähig ist. Es bedeutet nur, dass du annimmst, dass es sich um ein gemeinsames System handelt, ein System gemeinsamen Verständnisses von Signalen und Bedeutungen, welches das Kind aber in Wirklichkeit nicht teilt. Es ist, als ob du versuchst mit jemandem, der überhaupt kein Verständnis für deine Sprache hat, ein vertrauliches Gespräch zu führen. [...]
Es ist aufwendiger mit jemandem zu kommunizieren, dessen Muttersprache nicht die gleiche wie die deine ist. Und Autismus ist noch tiefer gehender als Sprache und Kultur; autistische Menschen sind Fremde in jeder Gesellschaft. Du wirst deine Annahmen und geteilten Meinungen aufgeben. Du wirst lernen, dass du zurückgreifen musst auf ein grundlegenderes Level, dass du übersetzen musst und dich versichern, dass deine Übersetzungen verstanden werden. Du wirst die Gewissheit abgeben müssen, dass du dich auf vertrautem Gebiet befindest, dass du weißt, dass du verantwortlich bist. Lass dich von deinem Kind in seiner Sprache lehren, lass dich ein Stück in seine Welt führen."
(Jim Sinclair, S. 54)

Dokumentation – Phase I

Name: .... Trainer: ....

	Datum	Gegenstand/ Symbol	Auf- nehmen	Hinüber reichen	Abgeben	"Offene Hand"
1						
2						
3						
4						
5						
6						
7						
8						
9						
10						
11						
12						
13						
14						
15						
16						
17						
18						
19						
20						
21						
22						
23						
24						
25						
26						
27						
28						
29						
30						
31						
32						
33						
34						
35						

Dokumentation – Phase II

Name: .... Trainer: ....

	Datum	Gegenstand/ Symbol	Aufnehmen der Karte	Austausch	Entfernung Bezugspers.	Entfernung Kom.tafel
1						
2						
3						
4						
5						
6						
7						
8						
9						
10						
11						
12						
13						
14						
15						
16						
17						
18						
19						
20						
21						
22						
23						
24						
25						
26						
27						
28						
29						
30						
31						
32						
33						
34						
35						

Dokumentation – Phase III

Name: .... Trainer: ....

	Datum	Gegenstand/ Symbol	Anzahl der Karten	Aus-tausch	Kontrolle	Entferng. Bezugsp.	Entferng. Kom.tafel
1							
2							
3							
4							
5							
6							
7							
8							
9							
10							
11							
12							
13							
14							
15							
16							
17							
18							
19							
20							
21							
22							
23							
24							
25							
26							
27							
28							
29							
30							
31							
32							
33							
34							
35							

Dokumentation – Phase IV

Name: .... Trainer: ....

	Datum	"Ich möchte"	Gegenstand/ Symbol		Austausch	Kontrolle
1						
2						
3						
4						
5						
6						
7						
8						
9						
10						
11						
12						
13						
14						
15						
16						
17						
18						
19						
20						
21						
22						
23						
24						
25						
26						
27						
28						
29						
30						
31						
32						
33						
34						
35						

Dokumentation – Phase V

Name: .... Trainer: ....

	Datum	Ich möchte	Gegenst./ Symbol		Aus-tausch	Zeitver-zögerung	spontan o. Frage	Kontrolle
1								
2								
3								
4								
5								
6								
7								
8								
9								
10								
11								
12								
13								
14								
15								
16								
17								
18								
19								
20								
21								
22								
23								
24								
25								
26								
27								
28								
29								
30								
31								
32								
33								
34								
35								

Dokumentation – Phase VI

Name: …………………………………… Trainer: ……………………………………

	Datum	Frage oder spontan	"Ich möchte" "Ich sehe", …		Gegenstand/ Symbol		Kontrolle
1							
2							
3							
4							
5							
6							
7							
8							
9							
10							
11							
12							
13							
14							
15							
16							
17							
18							
19							
20							
21							
22							
23							
24							
25							
26							
27							
28							
29							
30							
31							
32							
33							
34							
35							

PECS – Langzeitprofil

Name: .... Trainer: ....

Zeitraum: ....

Zeitpunkt der 1. Eintragung: …………….. Zeitpunkt der 2. Eintragung: ....

Zeitpunkt der 3. Eintragung: …………….. Zeitpunkt der 4. Eintragung: ....

1	2	3	4

Phase I: Der physische Austausch

				vollständige Unterstützung
				keine physische Unterstützung
				keine "Offene Hand"

Phase II: Ausdehnen der Spontaneität

				Abnehmen der Karte von der Kommunikationstafel
				Erweiterung des Abstandes zwischen Trainer und Kind
				Erweiterung des Abstandes zwischen Tafel und Kind

Phase III: Unterscheidung der Bildkarten

				gewünschtes und unrelevantes Bild zur Auswahl
				sehr beliebtes und weniger beliebtes Bild zur Auswahl
				zwei sehr beliebte Bilder zur Auswahl
				drei Bildkarten zur Auswahl
				vier Bildkarten zur Auswahl
				Vielzahl an Bildkarten zur Auswahl
				wirkliche Umsetzung der Wünsche
				Verkleinerung der Bildkartengröße

Phase IV: Satzstruktur

				feste "Ich möchte"-Karte auf dem Satzstreifen
				selbständiger Einsatz der "Ich möchte"-Karte
				gewünschtes Objekt nicht in Sichtweite

Phase V: Antworten auf "Was möchtest du?"

				keine zeitliche Verzögerung zwischen Fragen und Zeigen
				Erweiterung des zeitlichen Abstandes
				keine Hilfe durch Zeigen, spontaner Einsatz

Phase VI: Antworten auf Fragen

				"Was siehst du?"
				"Was siehst du?" und "Was möchtest du?"
				"Was hörst du?"
				"Was siehst du?", "Was möchtest du?" und "Was hörst du?"
				zusätzliche Fragen:

Zusätzliche sprachliche Konzepte:

				Farben, Größen, Präpositionen, etc.
				Zusätzliche kommunikative Funktionen
				Ja/Nein, "Möchtest du das?" und "Ist das ein ...?"
				Weiteres:

***ibidem*-Verlag**
Melchiorstr. 15
D-70439 Stuttgart

info@ibidem-verlag.de

www.ibidem-verlag.de
www.edition-noema.de
www.autorenbetreuung.de

Zeitfracht Medien GmbH
Ferdinand-Jühlke-Straße 7
99095 Erfurt, Deutschland
produktsicherheit@kolibri360.de